애들아,
우리
연극놀이
하자

얘들아, 우리 연극놀이 하자

2015년 10월 20일 초판 1쇄 펴냄
2022년 11월 30일 초판 5쇄 펴냄

© 연극으로 어울리는 사람들, 2015
글쓴이 | 연극으로 어울리는 사람들
펴낸곳 | 도서출판 단비
펴낸이 | 김준연
편집 | 최유정
등록 | 2003년 3월 24일(제2012-000149호)
주소 | 경기 고양시 일산서구 고양대로 724-17, 304동 2503호 (일산동, 산들마을)
전화 | 02-322-0268
팩스 | 02-322-0271
전자우편 | rainwelcome@hanmail.net

ISBN 979-11-85099-72-9 03370

생기 넘치는 웃음 가득한 교실
교실 속에 감춰둔 행복한 보물 찾기

얘들아,
우리
연극놀이
하자

연극으로 어울리는 사람들 글

단비
danbi

연극놀이가 있는 행복한 교실을 함께 가꾸어요

우리 반 아이들한테 좋아하는 시간과 싫어하는 시간을 물어보았다. 싫어하는 시간은 조회 시간, 방과후 수업 시간, 학원 시간이라 한다. 싫어하는 시간들의 공통점은 놀지 못하고 제자리에서 입을 꾹 닫은 채 어른들의 말을 들어줘야 한다는 것이다. 좋아하는 시간은 쉬는 시간, 점심시간, 집 가는 시간이라 한다. 공통점은 '놀이'이다. 쉬는 시간에 놀고, 점심 먹고 나서 놀고, 집에 가면 놀고. 어른의 간섭 없이 저희들끼리 자유롭게 움직일 수 있는 시간들이니 좋아할 수밖에 없다.

싫어하는 것을 하기 위해 학교로 오는 아이들이 아니라 좋아하는 것을 하기 위해 오는 아이들이라면 얼마나 행복할까. 좋아하는 일을 하며 배움이 자라고 꿈이 자라고 상상력이 뻗어나갈 수 있다면 얼마나 행복할까.

연극놀이가 바로 그것이다. 연극놀이는 아이들 스스로가 그 순간 그 자리에서 솟아나는 흥과 끼로 주어진 상황을 만들어가는 과정을 즐기는 놀이이다. 연극적 약속에 따라 아이들이 있는 자리는 그 어떤 곳으로도 변할 수 있다. 강이 되기도 하고 산이 되기도 하고 뜨거운 목욕탕 물속이 되기도 한다. 또한 연극적 약속에 따라 아이들은 그 무엇으로도 변신할 수 있다. 선생님과 아이들이 연극놀이로 만나는 교실은 꿈이 자라고 배움이 자라난다. 연극놀이가 있는 교실은 행복한 교실이다.

이 책은 학급에서 아이들과 행복하게 어울릴 수 있는 여러 가지 연극놀이 방법과 수업 사례를 담고 있다. 책에 나오는 만나는 놀이, 즐거운 놀이, 감각 놀이, 상상 놀이, 표현 놀이의 차례대로 따라가다 보면 다른 교실이 되어있을 것이다.

연극놀이가 벌어지고 있는 교실은 서로의 생각과 말과 행동을 받아주고 이해하는 교실이 되어있을 것이다. 아이들한테 바짝 다가가서 아이들의 말에 귀를 기울이는 선생님이 있을 것이고, 교실에는 답이 많아지고, 웃음소리가 커질 것이다. 교실에 새로운 '공간'이 생길 것이다. 아이들이 맘껏 표현할 수 있는 공간, 틀려도 괜찮은 안전한 공간, 몸으로 부대끼며 활동하는 자유의 공간, 똑같은 것을 보고 읽었어도 다른 생각과 표현이 있음을 허용하는 공간.

연극으로 어울리는 사람들의 모임 '연어'가 모임 10주년을 기념하여 서로가 알고 있는 연극놀이 방법, 연극놀이 사례를 한 자리에 모아보았다. 누군가를 연극놀이의 세계로 안내하는 마음으로, 아직 주춤거리며 떨고 있는 누군가에게 손짓하는 마음으로 이 책을 세상에 내민다. 아이들과 행복한 교실을 가꾸고 싶은 분, 아이들의 말을 귀하게 듣는 민주주의 교실을 이루고자 하는 분들께 '연어'들이 말을 건넨다.

"우리 함께 연극놀이 해요."

— '연어' 회장 원영근(양양강현초등학교 교사)

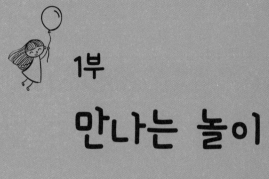

1부

만나는 놀이

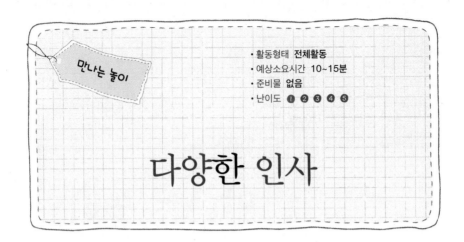

만나는 놀이

- 활동형태 **전체활동**
- 예상소요시간 **10~15분**
- 준비물 **없음**
- 난이도 ❶ ❷ ❸ ❹ ❺

다양한 인사

🌸 **이 연극놀이는요** ·······················

 새 학기에 처음 만났을 때, 또는 여름방학을 보낸 뒤 개학 날 다시 만났을 때 하기 좋은 놀이입니다. 서로 어울리며 다양하게 인사를 해봅니다.

🌸 **하는 방법은요?** ·······················

1. 교실 빈 곳을 서로 부딪치지 않게 자유롭게 걷습니다.
2. 교사의 신호에 따라 만나는 사람과 목 인사, 악수, 하이파이브, 큰절 등 다양한 인사를 합니다.

| 자유롭게 걷기 | 큰절 인사 | 하이파이브 인사 |

🌸 이렇게 했어요 ·······················

　　교사 지금부터 〈다양한 인사〉놀이를 해볼 거예요. 모두 교실의 빈 곳을 자유롭게 걸어보세요. 추운 겨울 흰 눈이 내린 곳에 자신의 발자국을 빈틈없이 남긴다고 생각하며 빈 곳을 찾아 걸어보세요.

　　학생들 (교실 빈 곳을 무리 짓지 않고 다른 사람과 부딪치지 않도록 자유롭게 걷는다.)

　　교사 지금부터는 만나는 사람과 "안녕하세요?" 하고 고개를 숙이며 인사합니다.

　　학생들 (걷다가 만난 사람과 "안녕하세요?" 말하며 고개를 숙이며 인사한다. 교사가 신호를 바꿀 때까지 또 걷다가 만난 다른 사람과 계속 인사한다.)

　　교사 이번에는 만나는 사람과 악수를 하며 "안녕하세요?" 하고 인사합니다.

　　학생들 (처음과 마찬가지로 자유롭게 걷다가 만나는 사람과 악수를 하며 인사하고, 또 걷다가 다른 사람을 만나 악수를 하며 인사합니다.)

　　교사 만나는 사람과 하이파이브를 하며 인사합니다. / 만나는 사람과 팔짱을 끼고 한 바퀴 돌며 인사합니다. / 만나는 사람과 엉덩이를 부딪치며 인사합니다. / 만나는 사람과 이마를 맞대고 인사합니다. / 만나는 사람과 윙크를 하며 인사합니다. 만나는 사람과 등을 비비며 인사합니다. / 만나는 사람과 큰절을 하며 인사합니다 등.

❀ 도움말 ·······························

1. 인사말은 간단한 인사말부터 시작하여 점차 신체 접촉이 있는 것으로 진행하도록 합니다.
2. 학생들이 남자끼리, 여자끼리만 만나면서 서로 섞이지 않을 때는 '다니면서 남자는 여자를, 여자는 남자를 6명 이상 만나기' 등 조건을 정해줍니다.
3. 다문화 교육과 연계하여 '세계 여러 나라의 인사'를 활용해도 좋습니다.

  ※ **세계 여러 나라의 인사**
   • 인도: 손을 입에 대었다 떼면서 "살라모아."
   • 태국: 두 손 모으고 "와이."
   • 에스키모: 서로 뺨을 친다. / 마주 보며 코 비빈다.
   • 콜롬비아, 아르헨티나: 껴안고 상대의 등 문지른다.
   • 몽골: 귀 붙잡고 혀 쭈욱 내민다.

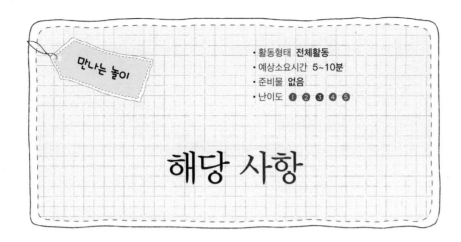

만나는 놀이

해당 사항

✿ 이 연극놀이는요 ·······················

〈해당 사항〉은 만나서 서로를 조금씩 알아가는 데 쓰면 좋은 연극놀이입니다. 아주 간단한 규칙으로, 누구나 각자 하고 싶은 말을 할 수 있습니다.

✿ 하는 방법은요? ·······················

1. 이끔이를 중심으로 양쪽에 두 줄로 나누어 섭니다.
2. 이끔이가 외치는 말에 자신이 해당되면 반대편으로 갑니다.
3. 자리를 바꿀 때는 만세를 부를 때처럼 두 팔을 들며 이끔이가 한 말의 마지막 말을 따라서 외칩니다. ('나는 오늘 아침밥을 먹었다.'라고 이끔이가 외

치면 밥을 먹은 아이들은 '먹었다'라고 따라서 외치며 반대편으로 자리를 옮깁니다.)

4. 이끔이를 바꾸면서 놀이를 진행합니다.

5. 이끔이는 두세 문장을 말한 뒤, 다른 친구로 이끔이를 불러냅니다.

6. 이끔이 자리에 나오는 부담을 줄이기 위해 제자리에서 외치게 할 수도 있습니다.

| 양쪽으로 갈라서기 | 이끔이가 한 말에 해당되는 사람은 따라서 외치기 | 따라 외치면서 반대편으로 옮기기 |

🌸 이렇게 했어요 ··························

교사 선생님 앞에 두 줄로 서보세요.

학생들 (두 줄로 선다.)

교사 이 놀이는 〈해당 사항〉이라는 놀이예요. 선생님이 무언가를 외칠 텐데 자신에게 해당되면 반대편으로 자리를 옮겨 가는 놀이예요.

교사 그럼, 한번 연습해볼까요? "난 오늘 점심 먹었다."

학생들 (해당되는 친구들은 자리를 옮긴다.)

교사 이번에는 해당되는 사람이 마지막 말 "먹었다."를 따라 하면서 두 팔을 들어 올리면서 반대편으로 가보세요.

교사 "난 방학이 기다려진다."

학생들 (방학이 기다려지는 학생만 두 팔을 들어올려 "기다려진다."를 외치며 반대편으로 이동한다.)

교사 잘했어요. 형준이는 방학이 안 기다려지는가 보구나.

학생 아니요. 그냥 귀찮아서요.

교사 다음에는 귀찮아도 솔직하게 하면 좋겠어요.

교사 "오늘 아침밥 먹고 왔다."

학생들 (아침밥을 먹고 온 학생만 두 팔을 들어올려 "먹고 왔다."를 외치며 반대편으로 이동한다.)

교사 이번엔 여러분들 중에 누군가가 선생님처럼 해보는 거예요. 내가 경험했던 것을 말해도 좋고, 친구들에 대해 궁금한 것을 말해도 좋아요.

진국 "오늘 화장실 갔다 왔다."

학생들 (화장실을 다녀온 학생만 "갔다 왔다."를 외치며 반대편으로 이동한다.)

진국 "나는 짜장면보다 치킨을 좋아한다."

학생들 (치킨을 더 좋아하는 학생만 "좋아한다."를 외치며 반대편으로 이동한다.)

교사 진국이 잘했어요. 이번에는 수지가 해볼까요?

수지 저 안 할래요.

교사 그럼 앞에 나오지 말고 그 자리에서 해도 돼요.

수지 그럼 여기서 할게요. "지난 번 스키캠프 때 다리가 많이 아팠다."

학생들 (다리가 아팠던 학생만 "아팠다."를 외치며 반대편으로 이동한다.)

🌸 **도움말** ································

1. 생활 주변에서 겪는 작은 이야기들이 모두 해당되므로 부담을 갖지 않도록 합니다.
2. 자신감이나 발표력이 부족한 친구들에게 한마디라도 외칠 수 있는 기회로 활용하면 좋습니다.

3. 개학 후 방학 동안 지낸 일을 이야기할 때 쓰면 좋습니다.
4. 놀이가 익숙해지면 그 다음 단계로 속마음을 알아보는 기회로 활용해도 좋습니다.

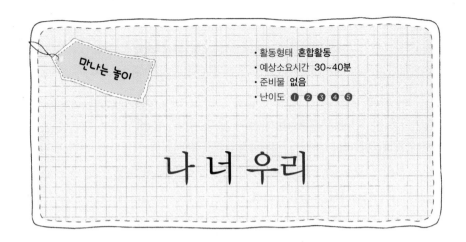

만나는 놀이

- 활동형태 **혼합활동**
- 예상소요시간 **30~40분**
- 준비물 **없음**
- 난이도 ❶ ❷ ❸ ❹ ❺

나 너 우리

🌸 이 연극놀이는요 ························

〈나 너 우리〉는 숫자로 짝짓기 놀이 하기의 변형된 놀이라고 할 수 있습니다. 처음 만나 가볍게 몸과 마음을 여는 데 좋습니다. 또한 연극적인 요소가 들어있기 때문에 실제 연극 연습을 할 때도 쓸모가 있습니다. 규칙을 약간씩 바꾸어가면서 진행하면 더욱 즐겁게 할 수 있습니다.

🌸 하는 방법은요? ························

1. 모두 둥그런 원으로 섭니다.
2. 누구나 알 만한 신나는 동요나 가요를 부르며 돕니다.('퐁당퐁당', '보물 찾기', '곰 세 마리' 따위)

3. 이끔이는 "나", "너", "우리"를 적절히 순서를 바꾸며 외칩니다.
4. 이끔이가 "나"를 외치면 각자 사랑의 하트를 만들면서 옆 사람에게 "사랑해요"를 외칩니다.
5. 이끔이가 "너"를 외치면 둘씩 짝이 되어 이야기를 나누고 3가지 정도 짝에게 소개합니다.
6. 이끔이가 "우리"를 외치면 세 명이 짝이 되어 서로의 공통점 세 가지를 찾아 이야기를 나누고 발표합니다.

〈변형하기〉

7. 이끔이가 "가족"을 외치면 네 명이 짝이 되어 가족의 모습을 정지 장면으로 표현해보게 합니다. 일요일의 가족 모습 등을 주제로 주면 재미있는 장면이 연출됩니다.
8. 이끔이가 "마을"을 외치면 5명이 의자 하나 위에 모두 올라가게 합니다.

노래 부르며 자유롭게 걷기

하트 만들며 '사랑해요' 외치기

둘씩 짝지어 자기소개 하기

서로의 공통점 찾기

의자 위에 올라가기

교사 손을 잡고 둥그런 원을 만들어보세요. 손을 놓고 서세요.

학생들 (둥글게 선다.)

교사 지금부터 〈나 너 우리〉라는 연극놀이를 해볼 거예요. 짝짓기 놀이와 비슷한데 선생님이 '나', '너', 또는 '우리'를 외칠 거예요. '나'는 혼자, '너'는 두 명, '우리'는 세 명이 짝이 되는 거예요. 짝이 지어지면 짝과 함께 자리에 앉으면 돼요.

교사 먼저 노래 하나를 불러볼게요. 어떤 노래가 좋을까요? 부르고 싶은 노래 있나요?

학생들 '곰 세 마리'요.

교사 좋아. 가볍게 뛰면서 '곰 세 마리'를 부르며 둥글게 돌아보세요. 노래 시작!

학생들 ('곰 세 마리' 노래를 부르며 돈다.)

교사 "나!" 각자 사랑의 하트를 만들면서 옆 사람에게 "사랑해요."를 외치세요.

학생들 (사랑의 하트를 만들면서) "사랑해요."

교사 다시 노래 부르며 돌아요.

학생들 ('곰 세 마리'를 부르며 돈다.)

교사 "너!" 둘씩 짝이 되어 이야기 나누고 세 가지 정도 서로를 소개해보세요.

학생 선생님 저는 짝이 없어요.

교사 그럼, 형준이는 선생님이랑 짝을 해요.

(몇 사람 발표해도 좋다.)

교사 이번에는 노래를 바꿔볼까요? '퐁당퐁당'을 불러봅시다. 시작.

학생들 ('퐁당퐁당' 노래 부르며 돈다.)

교사 "우리!" 세 명이 짝이 되어 서로의 공통점 세 가지를 찾아 이야기 나누고 발표해보세요. 한 명이 남으면 한 모둠은 네 명이 합니다. 시간은 1분 30초 줄게요.

교사 발표해봅시다.

모둠1 저희 세 명의 공통점은 모두 청바지를 입었고요. 위에 형이나 누나가 있어요. 같은 학원에 다녀요.

모둠2 저희는 모두 걸어서 학교를 다니고, 만화영화를 좋아하고, 체육 시간을 좋아합니다.

교사 모두 공통점을 잘 찾아냈어요. 이번엔 제가 "마을"을 외칠게요. 그럼 5명이 모두 하나가 되어 의자 위에 올라가세요.

학생들 ('퐁당퐁당' 노래를 부르며 돈다.)

교사 "마을!" 다섯 명이 한 의자 위에 올라가세요. 몸이 바닥에 닿아도 안 되고 올라가서 5초 이상 버텨야 합니다.

학생들 (서로 붙들고 안간힘을 쓰며 의자 위에 올라가서 버틴다.)

교사 (성공하도록 격려하고 돕는다.) 지금부터 5초를 셉니다. 1, 2, 3, 4, 5! 성공. 잘했어요.

🌸 **도움말** ·······························

1. 숫자로 짝짓기를 먼저 해보면 아이들이 쉽게 이해를 합니다.
2. 적극적으로 참여하는 친구를 칭찬해줍니다.
3. 짝을 찾지 못하는 아이가 생길 수도 있다는 걸 염두에 두고 살피고 배려합니다.
4. 〈나 너 우리〉가 익숙해질 때까지 진행합니다.

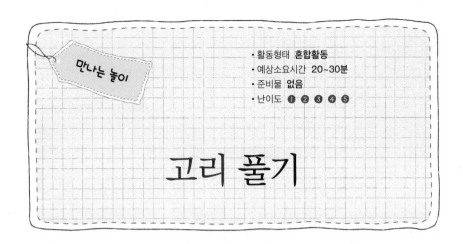

· 활동형태 **혼합활동**
· 예상소요시간 **20~30분**
· 준비물 **없음**
· 난이도 ❶ ❷ ❸ ❹ ❺

만나는 놀이

고리 풀기

🌸 **이 연극놀이는요** ·

우리 반이 하나라는 마음을 키울 때 좋은 놀이입니다.

🌸 **하는 방법은요?** ·

1. 먼저, 두 명씩 짝을 짓습니다.
2. 두 명이 마주 보고 서서 왼팔을 내밀고, 오른팔을 왼팔 위에 놓고(오른손 손바닥이 아래를 향하도록), 두 팔이 X자가 되도록 교차합니다. 그 상태로 마주 보는 짝과 손을 마주잡습니다. 내 왼손과 친구 오른손, 내 오른손과 친구 왼손을 잡게 됩니다.
3. 손을 좌우로 잡아당겨 손이 풀리는지 확인합니다. 손이 풀리면 잘못 잡은

것입니다.

4. 손이 풀리지 않으면 다양한 방법으로 엉킨 손을 풀어봅니다.

5. 2명이 성공하면 4명이 모여 같은 방법으로 (왼손 손바닥이 위로 보게 놓고 오른손 손바닥이 아래로 내려가게 X자로 교차하여 옆 사람과 그대로 손잡기) 손을 잡고, 엉킨 손을 풀어봅니다.

6. 반 전체가 풀어봅니다.

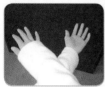
왼손 아래 오른손 위

마주 보기

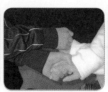
그 상태로 손잡기

꼬인 손(고리) 풀기

네 명이서 왼손 아래 오른손 위

손고리 만들어 잡기

꼬인 손(고리) 풀기

🌸 **이렇게 했어요** ·

교사 지금부터 〈고리 풀기〉 놀이를 해볼게요. 짝과 마주 보고 섭니다.

학생들 (2명이 짝을 지어 마주 보고 선다.)

교사 왼손 앞으로 내미세요. 왼손 손바닥이 위를 향하도록 팔을 뻗으세요. 그리고 자기 왼손 위에 오른손 손바닥을 얹으세요. 그 상태에서 왼손은 오른쪽으로, 오른손은 왼쪽으로 쭉 뻗어보세요. 그럼 왼팔과 오른팔이 X자로 교차하게 됩니다. 이때 왼 손바닥은 위로, 오른 손바닥은 아래로 내려가야 합니다.

학생들 (팔을 뻗어 X자가 되도록 한다.)

교사 X자가 되었으면 그대로 앞으로 나가 짝과 손을 잡습니다. 내 왼손 위에 짝의 오른손이 올려지고, 내 오른손은 짝의 왼손 위에 올려지게 됩니다.

학생들 (친구와 X자로 손을 잡는다.)

교사 손을 좌우로 잡아당겨 손이 풀리는지 확인해보세요.

학생들 (손을 잡아당겨 손이 풀리는지 확인한다.)

교사 손이 풀리지 않으면 제대로 잡은 것입니다. 이제 손을 절대 놓지 않고, 엉킨 손을 풀어봅니다. 손을 넘어가거나 돌거나 어떤 방법을 써도 좋습니다. 단, 절대 짝의 손을 놓지 마세요.

학생들 (다양한 방법을 써서 엉킨 손을 풀어본다.)

교사 다 풀었을 때 바깥을 보지 않고 서로 마주 보아야 성공입니다.

교사 이제 두 팀이 만나 4명이 〈고리 풀기〉를 해보겠습니다. 4명이 둥글게 섭니다. 아까와 마찬가지로 왼손 아래, 오른손 위에, X자로 교차합니다. 그대로 옆 친구와 손을 잡습니다. 이제 엉킨 손을 풀어봅니다. 풀리지 않더라도 절대 손을 놓지 않습니다. 어떻게 풀었는지 기억하세요.

학생들 (손을 잡고 엉킨 손을 풀어본다.)

교사 이제 8명이 만나서 해보겠습니다. / 반 전체가 손을 잡고 풀어보겠습니다.

🌸 **도움말** ································

1. 중간에 손이 풀리지 않더라도 절대 손을 놓지 않도록 합니다.
2. 2명이 〈고리 풀기〉를 할 때는 빨리 푸는 팀과 풀지 못하는 팀 간에 시간 차이가 날 수 있습니다. 그럴 때는 빨리 푼 팀에게 자신들이 풀었던 방법 말고 다른 방법을 찾아보도록 합니다. 자기 팀이 풀었던 방법을 친구들에

게 소개하는 시간을 가져도 좋습니다.

3. 풀긴 풀었는데 바깥을 보고 풀었을 때는 도움말을 해줍니다. "그 상태에서 안을 보려면 어떻게 해야 할까요? 원을 뒤집는다고 생각해보세요."

4. 여러 명이 고리를 푸는 방법은 어디든 두 사람이 잡은 손을 올려서 문을 만들고 나머지 사람들이 그 손 사이로 빠져나가면 고리가 풀어집니다.

활동형태 **전체활동**
예상소요시간 **5~10분**
준비물 **의자**
난이도 ❶ ❷ ❸ ❹ ❺

만나는 놀이

당신의 이웃을 사랑하십니까

❀ **이 연극놀이는요** ·

친구들 사이에 서로 관심을 갖게 되고, 긴장감 속에서도 즐거움을 느낄 수
있는 전체활동입니다

❀ **하는 방법은요?** ·

1. 학생들의 수보다 하나 적은 의자를 준비합니다.
2. 술래를 뺀 학생들은 모두 둥그런 원으로 앉습니다.
3. 술래는 앉은 사람 중에 한 명한테 다가가서 묻습니다. "당신의 이웃을 사
   랑하십니까?"
   (지목 받은 학생은 "예"와 "아니오" 둘 중에 하나를 골라 대답할 수 있습니다.)

4. "예"라고 외치면 대답한 학생의 양옆에 앉은 학생이 서로 자리를 바꾸어 야 합니다. 이때 술래는 두 자리 중에 한 곳의 자리에 잽싸게 앉으면 됩 니다.

5. "아니오"라고 외치면 술래는 다시 "그렇다면 당신은 어떤 이웃을 사랑하 십니까?"라고 묻습니다.
지목 받은 학생은 특성을 나타내는 말을 하고, 그 특성에 해당하는 모든 학생들은 서로 자리를 바꾸어야 합니다.

술래가 친구에게 다가가 묻는다.　　　자리에 앉지 못한 사람이 술래가 된다.

🌸 **이렇게 했어요** ··························

교사 지금부터 〈당신의 이웃을 사랑하십니까?〉 놀이를 해볼게요. 모두 의자 를 가지고 와서 둥그런 원을 만들어보세요.

학생들 의자를 가지고 원을 둥글게 만든다.

교사 먼저, 술래를 한 명 정할 건데 누가 해볼까요?

경민 제가 할게요.

교사 그럼 술래는 원 중앙으로 들어오고 술래의 의자는 빼도록 할게요. 술래 는 자신이 지목하고 싶은 친구 앞에 가서 "당신의 이웃을 사랑하십니까?"라고 질문을 합니다. 그럼 지목 받은 친구는 "예"와 "아니오"로 대답할 수 있어요. 지목 받은 친구가 "예" 하고 대답하면 양옆의 친구들은 자리를 서로 바꿉니다.

이때 술래는 빠르게 두 자리 중에 어느 한 자리에 앉으면 됩니다. 그리고 지목 받은 친구가 "아니오"라고 대답하면 술래가 다시 "그럼 어떤 이웃을 사랑하십니까?"라고 한 번 더 물어봅니다. 그럼 술래는 어떤 이웃을 사랑하는지 이야기를 해야 하는데 예를 들어 "안경 쓴 이웃이요."라고 대답하면 안경 쓴 친구들이 모두 자리를 바꾸는 거예요. 그럼, 이제 시작해볼게요.

경민 당신의 이웃을 사랑하십니까?

하경 아니오.

경민 그럼, 어떤 이웃을 사랑하십니까?

하경 양말 신은 이웃을 사랑합니다.

학생들 (양말을 신고 있는 학생들이 모두 일어나 다른 자리에 가서 앉는다. 이때 술래(경민)도 비어있는 자리에 가서 앉는다. 이때 자리에 앉지 못한 한 사람(연우)이 술래가 된다.)

연우 당신의 이웃을 사랑하십니까?

형찬 예.

학생들 (지목 받은 학생(형찬) 옆의 두 아이들이 서로 자리를 바꾸려할 때 술래인 연우가 잽싸게 자리에 앉아, 자리에 앉지 못한 류희가 술래가 된다.)

류희 당신의 이웃을 사랑하십니까?

채은 아니요.

류희 그럼 어떤 이웃을 사랑하십니까?

채은 김씨 성을 가진 이웃을 사랑합니다.

학생들 (김씨 성을 가진 학생들이 자리를 바꾼다.)

교사 아주 잘했어요.

🌸 **도움말** ······························

1. 처음엔 객관적인 특징을 말하다가 조금 익숙해지면 주관적인 특징인 "예

쁜 이웃", "키가 큰 이웃", "자신감이 있는 이웃", "행복한 이웃" 등으로 확
장하여 활용할 수 있습니다.

2. 놀이의 긴장감을 유지하기 위해 몇 번 걸리면 하게 되는 벌칙 등을 정해
두면 더욱 재미있게 진행할 수 있습니다.

3. 지목 받은 아이가 연달아 지목 받지 않도록 합니다.

만나는 놀이

- 활동형태 **전체활동**
- 예상소요시간 **7~15분**
- 준비물 **없음**
- 난이도 ❶ ❷ ❸ ❹ ❺

이름 바꿔 소개하기

🌸 **이 연극놀이는요** ·····················

〈이름 바꿔 소개하기〉는 새로 만난 친구의 이름을 기억하고 대화하며 친근감을 키울 수 있는 연극놀이입니다.

🌸 **하는 방법은요?** ·····················

1. 반 전체 학생들이 빈 공간을 찾아 걷습니다.
2. 걷다가 마주치는 친구와 인사를 한 뒤 자신의 이름을 소개합니다.
    예 윤지민: 안녕? 내 이름은 윤지민이야.
    한재희: 안녕? 나는 한재희야.
3. 소개를 마치면 나의 이름이 소개 받은 친구의 이름으로 바뀝니다.

한재희: 안녕? 나는 윤지민이야.

4. 돌아다니며 계속해서 소개를 하고 이름을 바꿉니다.

5. 일정 시간이 지나면 원으로 서서 각자의 이름을 확인해봅니다.

〈변형하기〉

6. 이름 대신 소지품을 바꾸며 인사하기를 합니다.

7. 일정 시간이 지나면 원을 만들고 소지품과 이름을 확인해봅니다.

8. 소지품 주인을 찾아 갖다 줍니다.

소지품 바꾸며 인사하기	소지품과 이름 확인하기	소지품 주인에게 돌려주기

🌸 **이렇게 했어요** ·························

교사 안녕하세요? 아직 만난 시 얼마 안 되어서 대화를 나누어보지 못한 친구도 있고 이름을 잘 모르는 친구도 있지요? 이번 시간에는 〈이름 바꿔 소개하기〉라는 놀이를 해보겠어요. 먼저 다른 사람과 부딪히지 않도록 빈 공간을 찾아 걷습니다. 그러다 마주치는 친구가 있겠지요? 그 친구와 인사를 나누고 자신의 이름을 소개하는 거예요.

학생 1 안녕? 난 윤지민이야.

학생 2 반가워. 내 이름은 한재희야.

교사 맞아요. 이렇게 친구와 소개를 하면 이제 자신의 이름은 방금 소개 받은 친구의 이름으로 바뀌게 되요. 그럼 다음에 만나는 친구에게는 자신의 이름을 무엇이라고 소개해야 할까요?

학생 1 내 이름은 한재희야.

학생 2 제 이름은 윤지민이 되는 건가요?

교사 잘했어요. 이렇게 계속해서 소개하는 친구와 이름을 바꾸다 보면 어느새 자기 이름이 만난 적도 없는 친구의 이름이 되어있을 수도 있어요. 이름이 계속 바뀌니 집중해서 잘 기억을 해야 한답니다. 그럼 이제 놀이를 해볼까요?

학생들 (교사의 지시에 따라 교실의 빈 공간을 찾아 걸어 다니며 만나는 친구와 인사해본다.)

학생 1 안녕? 난 윤지민이야.

학생 2 반가워. 내 이름은 한재희야.

학생 1 우리 친하게 지내자. 내 이름은 한재희야.

학생 3 고마워. 내 이름은 박수완이야.

학생 1 안녕? 나는 박수완이라고 해.

(이 활동을 반복한다.)

교사 자. 그럼 원으로 둘러서서 자신의 현재 이름을 발표해볼게요. 당신의 이름은 무엇인가요?

학생 3 저는 한재희입니다.

교사 진짜 한재희는 어디에 있나요?

학생 2 저요!

교사 당신의 이름은 무엇인가요?

학생 2 저는 이수현입니다.

교사 그럼 진짜 이수현은 어디에 있나요?

(이 활동을 반복하여 모든 학생의 이름을 서로 맞추어본다.)

교사 오늘 놀이를 해보니 어떤 생각이나 느낌이 들었나요?

학생 3 이름을 몰랐던 친구 3명의 이름을 알게 되었어요.

학생1 처음 만나서 아직 말을 못 걸어본 친구가 있었는데 이름도 알고 인사도 해보았어요.

교사 이번에는 〈소지품 바꿔 인사하기〉를 해볼게요. 자신의 소지품을 준비하여 이름을 소개하고 소지품을 바꾸는 것이지요. 이름이 아닌 소지품을 서로 교환합니다.

학생1 안녕? 나는 윤지민이야. 이건 내 빗이야.

학생2 반가워. 내 이름은 한재희야. 그리고 이건 내 시계야.

학생1 안녕? 나는 윤지민이야. 이건 한재희의 시계야.

학생2 안녕? 나는 이수현이고, 이건 박수완의 연필이야.

학생1 만나서 반갑다. 내 이름은 윤지민이고 이건 박수완의 연필이야.

🌸 **도움말** ································

1. 〈이름 바꿔 소개하기〉는 자신의 이름을 소개하며 친구와 만나는 활동입니다. 자연스럽게 친구와 인사도 나누고 대화도 하며 학기 초에 서먹한 학급 분위기를 밝게 만들어줍니다.

2. 간혹 이름을 잘 기억하지 못해, 이름 확인 활동 시 같은 이름이 중복되어 나오기도 합니다. 이렇게 틀리는 것도 아이들에게 나름의 즐거움을 선사합니다.

3. 〈소지품 바꿔 인사하기〉는 〈이름 바꿔 소개하기〉의 변형입니다. 이 둘을 한 번에 연달아 해도 되고 〈소지품 바꿔 인사하기〉를 다음 시간에 해도 됩니다.

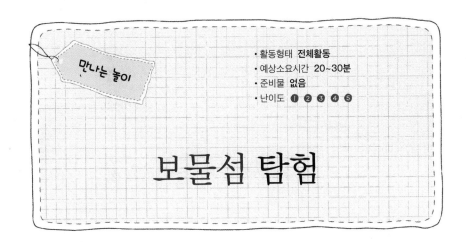

만나는 놀이

- 활동형태 **전체활동**
- 예상소요시간 **20~30분**
- 준비물 **없음**
- 난이도 **❶** ❷ ❸ ❹ ❺

보물섬 탐험

🌸 이 연극놀이는요 ·······················

〈보물섬 탐험〉 놀이는 심성놀이로 좋은 활동입니다. 모둠끼리 배려하고 몸을 부대끼며 서로 도와주면서 친해질 수 있기 때문이지요. 약간의 경쟁 요소도 있어서 아이들이 신나게 할 수 있는 놀이랍니다. 빨리하는 것보다 규칙을 지키면서 하는 것 잊지 말아야겠죠?

🌸 하는 방법은요? ·······················

1. 반 전체 학생을 한 모둠에 5~7명이 되도록 나눕니다.
2. 학생들이 타고 바다를 건널 수 있는 보트 3대를 준비합니다.
   - 보트 준비물 : 종이 박스 2개(가로 세로 50cm 안팎), 다리가 안정된 의자 1개

※ 종이 박스는 모둠 수에 따라 크기 조절함. 의자는 입체적이고 모험하는
  느낌을 줄 수 있음.

3. 교실 앞쪽에 목표 지점을 설치해놓습니다.

4. 보트를 타고 신호에 맞추어 출발하여 목표 지점을 먼저 돌아오면 이기는
  놀이입니다.

5. 만약에 바다에 빠지면(발이 바닥에 닿으면) 그 모둠은 벌칙을 받습니다. 처
  음부터 다시 출발하거나, 벌칙 구역에서 다시 시작합니다. 벌칙은 미리
  약속합니다.

보트 준비

바다에 빠지지 않게 출발

보트를 옮겨가며 이동하기

물에 빠지지 않게 조심

🌸 **이렇게 했어요** ··························

교사 섬으로 여행 가본 적 있나요?

학생 네, 제주도 가봤어요.

학생 저는 울릉도요.

교사 자, 이제부터 〈보물섬 탐험〉을 할 거예요. 그런데 바다에는 상어와 악어가 우글거리고 있어요. 우리에게는 각자 배가 세 척씩만 있어요.

교사 교실 앞쪽에 있는 반환점이 보물섬이에요. 먼저 도착하는 모둠이 보물을 많이 갖고 올 수 있겠지요? 반환점을 먼저 돌아오는 모둠이 이깁니다.

학생 와, 재밌겠다. 빨리해요.

교사 한 가지 주의할 점은 바다에 빠지면 처음부터 다시 시작해야 한다는 겁니다.

학생 빠지면 안 되겠네요.

교사 그렇지요.

학생 조심해서 밟아야겠어요.

교사 그래요. 모둠끼리 서로 도와서 하면 훨씬 더 잘할 수 있어요. 그럼, 시작해볼까요?

학생들 네.

교사 그럼, 지금부터 신나는 모험의 세계로 출발!

🌸 **도움말** ·

1. 너무 경쟁적으로 빨리만 하려다 보면 서로 밀치면서 넘어질 수도 있으니 천천히 여유를 가지고 즐기도록 합니다.
2. 승부보다 서로 배려하고 협동하는 것이 아름다운 모습이라고 얘기해주면 좋습니다.
3. 모둠은 남학생과 여학생이 골고루 섞여지면 더 좋습니다.
4. 좁은 공간에서 서로 몸으로 부대끼는 활동이므로 친교활동으로 좋습니다.

2부
즐거운 놀이

· 활동형태 전체활동
· 예상소요시간 5~10분
· 준비물 없음
· 난이도 ❶ ❷ ❸ ❹ ❺

대천사와 대마왕

❀ **이 연극놀이는요** ·······················

〈대천사와 대마왕〉은 움직임이 작은 동물부터 시작해 점차 움직임이 큰 동물이 되고 결국에는 대천사가 되어 대마왕과 대결을 하는 연극놀이입니다. '바퀴벌레-쥐-고양이-인간-천사-대천사'로 발전하며 각 대상의 특징을 찾아내고 창의적으로 대상의 동작과 소리를 만들어내 재미있게 활동할 수 있습니다.

❀ **하는 방법은요?** ·······················

1. 바퀴벌레, 쥐, 고양이, 인간, 천사, 대천사의 동작 및 말을 정합니다.
2. 처음에 모두가 바퀴벌레가 됩니다.

3. 동족끼리 가위바위보 대결을 통해 이기면 한 단계 위에 있는 대상이 되고, 지면 한 단계 내려갑니다.

4. 바퀴벌레-쥐-고양이-인간-천사-대천사 순으로 발전하는데 대천사가 되면 대마왕과 대결을 합니다.

5. 대천사가 이기면 모두를 인간으로 만들 수 있고 대마왕이 이기면 모두를 바퀴벌레로 만들 수 있습니다.

6. 대천사가 이겨서 모두가 인간이 되면 새롭게 대천사와 대마왕을 정해 놀이를 할 수 있습니다.

바퀴벌레가 되어 가위바위보　　쥐가 되어 가위바위보　　　天사가 되어 자유롭게 돌아다니기
　　　　　　　　　　　　　　(이기면 고양이, 지면 바퀴벌레가 된다.)

🌸 **이렇게 했어요** ·····························

교사 〈대천사와 대마왕〉 놀이를 하겠습니다. 여러분이 잘 몰랐겠지만 저는 사실 대마왕이었습니다. 이제 제가 여러분을 바퀴벌레로 만들겠습니다. 여러분이 다시 인간이 되고 싶다면 '바퀴벌레-쥐-고양이-인간-천사-대천사'로 진화해서 가장 먼저 대천사가 된 사람이 대마왕과 대결을 해서 이기면 됩니다. 여러분은 무엇이 될 때마다 지금 자기가 무엇인지 알 수 있는 동작과 소리를 내야 합니다. 그리고 다음 단계로 진화를 할 때는 동족과 가위바위보 대결을 해서 이겨야 진화를 할 수 있습니다.

교사 바퀴벌레는 어떻게 움직일까요?

^{학생} 바퀴벌레는 바닥에 기어다녀요.

^{교사} 바퀴벌레가 내는 소리가 있을까요?

^{학생} 사사삭 소리가 날 것 같아요.

^{교사} 그럼 바닥을 기어다니면서 사사삭 소리를 내주세요.

(이런 방법으로 나머지 대상의 동작 및 말을 정한다.)

^{교사} 수리수리 마수리! 모두 바퀴벌레가 되어라 얍!

^{학생들} (모두 바퀴벌레가 되어 바퀴벌레의 동작을 하며 가위바위보를 하여 점차 윗단계의 대상이 됨.)

^{교사} 드디어 대천사가 나타났습니다. 이제 대천사와 대마왕이 대결을 하겠습니다. 가위바위보! 대마왕이 이겼습니다. 모두 바퀴벌레가 되어라!

🌸 **도움말** ·······························

1. 학생들이 창의적으로 대상의 동작을 만들어내고 표현하도록 허용적인 분위기를 만들어주세요. 간단한 말을 할 수도 있습니다.
2. 학생들이 각 대상의 동작을 정확하게 할 수 있도록 계속해서 지도해야 합니다.
3. 대마왕은 교사가 할 수도 있고 학생들 중 한 명을 뽑아서 할 수도 있습니다.

• 활동형태 **전체활동**
• 예상소요시간 **5~10분**
• 준비물 **없음**
• 난이도 ❶ ❷ ❸ ❹ ❺

대장 찾기

🌸 이 연극놀이는요 ·

〈대장 찾기〉는 대장이 여러 가지 몸동작을 창의적으로 만들어내고 그것을 다른 사람들이 눈치껏 따라 하는 놀이입니다. 대장이 누구인지 술래에게 들키지 않으려 애쓰면서 몸동작을 만들고 표현하는, 아슬아슬한 긴장감이 있는 놀이입니다.

🌸 하는 방법은요? ·

1. 먼저 술래를 정하여 활동 공간 바깥에 나가있게 합니다.
2. 남아있는 아이들 중에 대장을 한 명 정합니다. 술래 모르게 정해야 합니다.

3. 술래가 들어오면 대장은 술래에게 들키지 않게 주의하며 한 가지 동작을 반복합니다.

4. 다른 사람도 대장을 따라 그 동작을 반복합니다. 모든 사람의 동작이 똑같아졌다 싶으면 대장은 술래가 눈치채지 못하게 또 다른 동작을 시작합니다.

5. 술래는 주의를 기울여서 누가 대장인지 찾아냅니다. 만약 술래를 계속 찾아내지 못하면 대장과 술래를 새롭게 정해서 다시 처음부터 시작하면 됩니다.

사람들은 대장의 동작을 따라 하고   술래가 사람들 밖에서 찾지 않도록 주의한다.
술래는 사람들 속에서 대장을 찾는다.

🌸 이렇게 했어요 ·························

교사 이번 시간에는 대장의 몸동작을 술래를 제외한 모든 사람이 따라 하고 술래가 대장을 찾아내는 〈대장 찾기〉 놀이를 해보겠습니다. 술래를 한 명 정하겠습니다. (술래 정한다.) 술래는 다른 사람들을 보지 않아야 되니까 벽 쪽으로 가서 잠깐 서있으세요.

학생들 (술래로 뽑힌 사람은 벽 쪽에 가서 서거나 문 밖으로 나간다.)

교사 술래를 제외한 사람들 중에 대장을 뽑겠습니다. (대장을 뽑는다.) 대장은 술래에게 들키지 않게 조심하면서 한 가지 동작을 정해 반복해서 합니다. 되도록 큰 동작을 생각해서 하세요. 그리고 나머지 사람들은 대장의 동작을 보고 반복해서 따라 합니다. 대장은 모든 사람들이 똑같은 동작을 하면 다른 동작으로 바꿔서 반복합니다. 자유롭게 교실의 빈 공간을 찾아 걸어 다니며 시작합니다.

학생들 (교사의 지시에 따라 교실의 빈 공간을 찾아 걸어 다니며 대장의 동작을 따라 한다.)

교사 술래는 지금부터 친구들의 동작을 보고 대장을 찾아냅니다. 친구들이 활동하고 있는 안으로 들어가서 찾아도 됩니다.(밖에서 지켜보는 것보다 안에서 보는 것이 난이도가 높다.)

학생들 (교실의 빈 공간을 찾아 걸어 다니며 대장과 나머지 아이들이 대장의 동작을 따라 하고 술래는 대장을 찾아낸다.)

🌸 도움말 ······························

1. 학생들이 창의적으로 동작을 만들어내고 마음대로 표현하도록 허용적인 분위기를 만들어주세요. 동작을 위주로 하기 때문에 소리는 내지 않지만 간단한 단어나 문장, 감탄사 등을 허용할 수도 있습니다.
2. 학생들이 너무 떨어져서 움직이면 술래가 대장을 찾기 힘들 수 있으므로 일정한 공간 안에서 움직일 수 있도록 지도합니다.

즐거운 놀이

- 활동형태 전체활동
- 예상소요시간 5~10분
- 준비물 없음
- 난이도 ❶ ❷ ❸ ❹ ❺

진주조개

🌸 **이 연극놀이는요** ························

〈진주조개〉는 규칙도 어렵지 않고 술래가 되어도 기분 나쁠 것이 하나도 없어 학생들 사이에 서로 친밀감을 높이는 데 유용한 연극놀이입니다.

🌸 **하는 방법은요?** ························

1. 세 명씩 짝을 짓도록 합니다.
2. 그중에 2명은 조개가 되고, 1명은 진주가 됩니다.
3. 조개는 서로 손을 맞잡고 진주를 가운데 놓습니다.
4. 술래가 "진주"라고 외치면 '진주'인 사람들이 '조개'에서 빠져나와 다른 '조개'로 갑니다.

5. 술래가 "조개"라고 외치면 '조개'인 사람들이 '진주'를 내버려두고 다른 '진주'를 감쌉니다.

6. 술래가 "불가사리"라고 외치면 모든 사람들이 흩어져서 새로운 '진주'와 '조개'를 만듭니다.

7. 술래는 짝을 찾지 못한 한 사람이 되며 술래는 '진주', '조개', '불가사리' 중에서 무엇이든 외칠 수 있습니다.

바깥쪽 2명은 조개,
안쪽 1명은 진주가 된다.

술래가 '불가사리'를 외치면
뿔뿔이 흩어져서

새로운 진주조개를 만든다.

🌸 이렇게 했어요 ·······················

교사 〈진주조개〉라는 놀이를 해보겠어요. 모두 3명씩 모여주세요.

학생들 (3명씩 모인다.)

교사 3명 중에서 2명은 '조개'가 되고 나머지 한 명은 '진주'가 됩니다.

(학생들을 2명, 1명으로 나눈다.)

교사 자 '조개'는 서로 손을 잡으세요. 그리고 '진주'는 '조개'가 맞잡은 손 안으로 들어가서 손을 머리 위로 예쁘게 올려서 '진주'처럼 표현해보세요.

학생들 (2명이 서로 손을 맞잡고, 1명은 가운데에 들어가 손을 머리 위로 둥글게 올려 '진주'처럼 표현한다.)

교사 여기 술래가 한 명이 있어요. 이 술래가 "진주"라고 하면 '진주'를 하고 있는 사람들이 '조개'에서 나와 다른 '조개'를 찾아가는 거예요. 그리고 술래는 재빠르게 빈 곳으로 찾아가는 거예요.

교사 한번 해보겠어요. (술래에게) "진주"라고 외쳐보세요.

술래 "진주!"

학생들 ('진주'인 학생들이 '조개'에서 빠져나와 다른 '조개'를 찾아가 새로운 '진주조개'를 이룬다. 이때 술래는 아무 '조개' 속으로 들어간다.)

교사 짝을 찾지 못한 학생이 한 명 있네요. 이리 나오세요. 이 학생이 술래가 되는 겁니다.

교사 여기 새로운 술래가 "조개"라고 외칠 거예요. 그럼 '진주'는 그대로 있고 '조개'인 학생들만 새로운 '진주'를 찾아가서 다시 새로운 '진주조개'를 만드는 겁니다. 이때 '조개'였던 사람들은 서로 떨어져서 새로운 짝과 함께 '조개'를 만들어야 합니다.

교사 자 해보겠어요.(술래에게) "조개"라고 외쳐보세요.

술래 "조개!"

학생들 ('진주'는 그대로 있고, '조개'였던 사람들이 다시 새로운 '진주'를 만나 새로운 '진주조개'를 만든다. 이때 술래는 다른 사람과 만나 '조개'가 되어 '진주'를 찾아가 새로운 '진주조개'를 만든다.)

교사 여기 또 한 사람이 남아있네요. 이 사람이 뭐라고요?

학생들 술래요!

교사 맞아요. 이 사람이 술래예요. 이 사람이 외칠 수 있는 것이 또 있어요. 그건 뭐냐 하면? 바로 '불가사리'예요. 여기 술래가 "불가사리"라고 외치면 여러분은 모두 흩어져서 새로운 사람들과 만나 새로운 '진주조개'를 만들어야 합니다. 이때 '진주'였던 사람이 '조개'가 될 수도 있고, '조개'였던 사람이 '진주'가 될 수도 있어요.

교사 자 한번 해보겠어요.(술래에게) "불가사리"라고 외쳐보세요.

술래 "불가사리!"

학생들 (흩어져서 새로운 사람들과 만나 새로운 '진주조개'를 외친다.)

교사 여기 또 한 명이 남았네요. 이 사람이 뭐라고요?

학생들 술래요!

교사 맞아요. 술래에요. 그럼 이제부터는 여기 술래가 외치고 싶은 것을 맘껏 외쳐보겠습니다. 술래가 외칠 수 있는 것이 뭐라고요?

학생들 "진주", "조개", "불가사리".

교사 맞습니다. (술래에게) 자 외치고 싶은 것을 외쳐보세요.

술래 (자기가 원하는 것을 맘대로 외친다.)

학생들 (술래의 외침에 따라 흩어졌다, 모였다를 반복한다.)

🌸 **도움말** ·······························

1. 술래가 되어도 아무런 벌칙이 없음을 아이들에게 알려줍니다.
2. 서로 술래가 되지 않으려고 바쁘게 움직이다 보면 넘어지거나 부딪혀서 다칠 수 있습니다. 사고에 주의하세요.
3. 놀이를 하기 전에 아이들과 '진주'일 때의 움직임과 '조개'일 때의 움직임, '불가사리'일 때의 움직임을 한 번씩 연습하고 하면 좋습니다.
4. 아이들이 많아 소란스러울 때는 반씩 나누어서 해도 되고, '진주조개'를 만든 그룹은 앉도록 해도 좋습니다.

• 활동형태 짝-전체활동
• 예상소요시간 5~10분
• 준비물 없음
• 난이도 ❶ ❷ ❸ ❹ ❺

즐거운 놀이

가위바위보 업어주기

🌸 이 연극놀이는요 ························

〈가위바위보 업어주기〉는 학생들 사이의 친밀감을 높이고 몸풀기까지 가능한 쉽고 간단한 연극놀이입니다. 가위바위보에 지면 업어준다는 간단한 규칙 하나로 모두가 함께 즐길 수 있다는 점이 매우 큰 장점입니다.

🌸 하는 방법은요? ························

1. 한 공간에 아이들을 모으고 두 명씩 짝을 짓도록 합니다.
2. 그 두 명이 가위바위보를 한 후 이긴 사람은 업히고 진 사람은 이긴 사람을 업습니다.
3. 업고 업힌 아이들끼리 한 팀이 되어 돌아다니다 다른 팀을 만나면 위에

업힌 아이들끼리 가위바위보를 합니다.

4. 가위바위보에 이긴 팀 두 명은 진 팀의 아이들에게 따로따로 업혀서 새로운 팀을 만들어 돌아다닙니다.

5. 돌아다니다 만나는 팀과 가위바위보를 해서 이긴 팀은 업히고 진 팀은 업는 과정을 반복합니다.

업힌 사람끼리 가위바위보

새로운 짝이 되어 다른 짝과 가위바위보

🎓 이렇게 했어요 ··························

교사 우리 〈가위바위보 업어주기〉라는 놀이를 해보겠어요. 아무나 두 명씩 짝을 지어주세요.

학생들 (2명씩 모인다.)

교사 짝끼리 서로 가위바위보를 하고, 이긴 사람이 진 사람에게 업힙니다.

학생들 (교사 지시대로 행동한다.)

교사 진 사람이 이긴 사람을 업고 자유롭게 돌아다니다 다른 업고 업힌 친구들을 만나면 위에 업힌 친구들끼리 가위바위보를 합니다.

학생들 (교사 지시대로 행동한다.)

교사 가위바위보에서 이긴 팀의 친구들이 이번에는 진 팀의 친구들에게 업힙니다.

학생들 (교사 지시대로 행동한다)

교사 지금까지 알려준 과정을 반복하면서 〈가위바위보 업어주기〉를 할게요. 돌아다니다 만난 친구들과의 가위바위보에서 이겼을 때, 이긴 친구들은 진 친구들 중 누구에게 업혀도 상관없습니다. 자 이제부터 시작하세요.

🌸 **도움말** ·······························

1. 신체적 접촉이 있는 놀이이므로 사전에 몸풀기와 마음 열기가 어느 정도 이루어져야 자연스럽게 할 수 있습니다.
2. 덩치나 몸무게의 차이가 큰 학생들의 경우 업기가 어려운데, 이럴 때에는 최소한 어깨에 팔을 걸치고 반쯤 업힌 모습으로 돌아다니게 합니다.
3. 업자마자 다시 가위바위보를 하기보다는 최소 다섯 걸음 이상 걸은 후에 만난 친구들과 가위바위보를 합니다.
4. 체력 소모가 있는 놀이이므로 시간은 5~10분 정도가 적당합니다.

활동형태 **모둠활동**
예상소요시간 **5~20분**
준비물 **없음**
난이도 ❶ ❷ ❸ ❹ ❺

즐거운 놀이

바닥 대기

🌸 **이 연극놀이는요** ·······················

〈바닥 대기〉는 학생들 사이에 자연스런 신체 접촉을 통해 서로 친밀감과 협동심을 높이는 데 유용한 연극놀이입니다. 친구들 간에 다툼이 있었을 때나 새로 만났을 때 〈바닥 대기〉를 같이하면 금방 분위기가 좋아진답니다.

🌸 **하는 방법은요?** ·······················

1. 전체 학생을 한 모둠에 3~4명이 되도록 나눕니다.
2. 모둠끼리 모이면 진행자는 모둠에게 바닥에 닿는 몸의 부위와 개수를 말해줍니다.
3. 진행자가 말하는 조건만 바닥에 닿도록 합니다. (예 : 손 1, 다리 1, 엉덩이 1)

그 자세로 3초를 버틸 수 있어야 합니다.

4. 이때 모둠원 모두는 서로 어떠한 형태로든 연결이 되어있어야 합니다.

5. 위의 방법을 여러 번 반복합니다.

6. 사람 수를 늘려가면서 조건을 다르게 하여 〈바닥 대기〉를 할 수도 있습니다.

손 둘, 발 셋, 엉덩이 둘만 바닥에 대기

손 둘, 발 다섯, 엉덩이 셋만 바닥에 대기

🌸 **이렇게 했어요** ·························

교사 자 얘들아 우리 〈바닥 대기〉라는 놀이를 해보겠어요. 모두 4명씩 모여주세요

학생들 (4명씩 모인다.)

교사 이 놀이는 모둠원들이 함께 힘을 합해야 할 수 있답니다. 그럼 놀이의 규칙을 설명해줄게요. 선생님이 손, 발, 엉덩이를 각각 몇 개씩 땅에 붙이라고 말하면 모둠원들이 상의를 해서 바닥에 그 부분만 대면 됩니다. 예를 들어 제가 발 4개라고 하면 4명이 한 모둠인 여러분들은 땅 바닥에 발이 4개만 닿아 있으면 됩니다. 발 3개, 손 2개, 엉덩이 2개면 모둠원 전체의 발 3개, 손 2개, 엉덩이 2개만 바닥에 닿으면 되지요. 그리고 반드시 4명의 몸, 손, 발 등 한 부분이 꼭 모둠원들과 닿아있어야 합니다. 그럼 연습을 한번 해보겠습니다. "발

4개!"

학생들 (4명의 학생들이 전체에서 발을 4개만 바닥에 붙인다.)

교사 네. 모두 잘하셨습니다. 이제는 발 3개 엉덩이 2개, 손 2개.

학생들 (모둠별로 상의하여 발 3개, 엉덩이 2개, 손 2개를 붙인다.)

교사 (손, 발, 엉덩이의 수를 다르게 하며 아이들과 〈바닥 대기〉를 한다.)

학생들 (교사의 외침에 따라 손, 발, 엉덩이의 수를 다르게 바닥에 붙이며 논다.)

🌸 **도움말** ······························

1. 신체 접촉이 많기 때문에 될 수 있으면 남, 여 성별을 구분 지어주어야 학생들이 신경 쓰지 않고 편하게 할 수 있습니다.
2. 처음에는 조건을 쉽게 붙여주세요. "발 8개." 또는 "발 7개, 손 1개." 이런 식으로 쉽게 가다가 점차 바닥에 닿는 손, 발의 갯수를 줄여가면 아이들이 흥미를 가지고 할 수 있습니다.

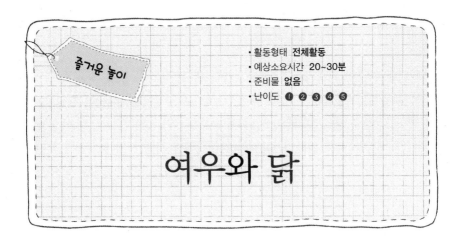

- 활동형태 **전체활동**
- 예상소요시간 **20~30분**
- 준비물 **없음**
- 난이도 ❶ ❷ ❸ ❹ ❺

즐거운 놀이

여우와 닭

🌸 **이 연극놀이는요** ·

〈여우와 닭〉은 쫓고 쫓기면서 스릴을 느낄 수 있고, 서로 협동하며 도와서 활동하는 놀이입니다. 여우와 닭, 울타리라는 세 역할의 관계도 재미있는 놀이의 요소 중 하나입니다. 쫓고 도망가면서 즐겁게 놀이를 하다 보면 어느새 시간이 훌쩍 가버립니다. 최소한 10명 이상 30명 한 학급 정도의 인원이 있으면 놀이가 더 즐겁습니다.

🌸 **하는 방법은요?** ·

1. 손을 잡고 둥그런 원으로 섭니다.
2. 술래를 두 명 정합니다. 한 명은 '여우', 또 한 명은 '닭'의 역할입니다. 여

우와 닭이 아닌 다른 친구들은 '울타리' 역할입니다.

3. 여우는 울타리 밖에서 준비하며, 울타리 안에 있는 닭을 잡으면 됩니다. 술래잡기 놀이 하듯이 손으로 터치하면 그 판은 끝납니다.

4. 울타리는 여우로부터 닭이 잡히지 않게 보호하는 역할을 합니다. 닭과 여우는 울타리 안과 밖을 넘나들 수 있습니다. 울타리가 여우로부터 닭을 너무 심하게 보호하려다 보면 다치거나 기분이 상할 수도 있으므로 힘을 적절하게 조절하면 좋겠지요.

5. 참가 인원에 따라 여우의 수를 두 명, 세 명으로 늘려서 하면 놀이가 더 박진감이 넘칩니다. 10명 안팎은 여우 1명, 20여 명일 때 여우 2명 정도로 조절하면서 놀이를 진행합니다.

6. 이 놀이는 이끔이의 이야기와 함께 시작하면 좋습니다.

- 이끔이 : 산속에 배고픈 여우가 살고 있었어. 배도 고프지만 심심하기도 했어. 그래서 마을로 내려가기로 했어. 닭과 울타리를 만난 여우는 너무 반가웠어. 그래서 이렇게 말했지.

  "닭아 닭아. 나랑 놀자."

  닭이 말했어.

  "싫어 싫어."

  여우가 울타리한테

  "울타리야 울타리야. 나랑 놀자."

  울타리가 말했어.

  "싫어 싫어."

  여우가

  "그럼 잡아먹을 테다."

7. 여우와 닭, 울타리의 대화를 연습해보고 놀이를 시작합니다.

닭은 울타리 안에서
여우는 바깥에서 시작합니다.

여우가 닭을 잡으러 쫓아갑니다.

닭과 여우의 위치가
바뀌기도 합니다.

술래인 여우를 두 명으로 해봅니다.

울타리의 역할이 더 중요하겠죠?

닭이 여우에게 잡혔네요.

🌸 이렇게 했어요 ·

교사 얘들아. 둥글게 모여보자. 손도 잡아볼까? 〈여우와 닭〉이라는 놀이를 할
거야. 이 놀이는 여우가 닭을 잡아먹는 놀이인데, 여우는 열심히 쫓아다니고

닭은 열심히 도망 다녀야 돼. 닭을 보호하는 울타리도 있어.

학생 그러니까 닭과 여우, 울타리가 등장하네요.

교사 그렇지.

학생 재미있겠다. 빨리 해봐요.

교사 자, 지금부터 선생님이 얘기 하나 들려줄게.

학생 얼른 얘기해주세요.

교사 산속에 배고픈 여우가 살고 있었어. 배도 고프지만 심심하기도 했어. 그래서 마을로 내려가기로 했어. 닭과 울타리를 만난 여우는 너무 반가웠어. 그래서 이렇게 말했지.

학생 어떻게요?

교사 "닭아 닭아. 나랑 놀자." 같이 따라 해볼까?

학생들 "닭아 닭아. 나랑 놀자."

교사 그럼 닭은 이렇게 말해. "싫어 싫어." 따라 해볼까?

학생들 "싫어 싫어."

교사 그러면 여우는 울타리하고도 놀고 싶겠지? 울타리한테도 같이 놀자고 해. "울타리야 울타리야. 나랑 놀자." 따라 해보자.

학생들 울타리야 울타리야. 나랑 놀자.

교사 울타리도 "싫어 싫어."라고 해. 자, 시-작.

학생들 "싫어 싫어."

교사 화가 난 여우는 이렇게 말 해. "그럼 잡아먹을 테다."

학생들 "그럼 잡아먹을 테다."

교사 이렇게 놀이가 시작되는 거야. 재미있겠지?

학생들 네.

교사 술래를 뽑을 거야. 술래는 여우와 닭 한 명씩 뽑고. 나머지는 울타리가 되어서 닭을 보호하는 역할을 맡아서 할 거야. 울타리는 닭이 여우한테 잡아먹히지 않게 안전하게 지켜야겠지?

학생 여우가 못 들어가게 몸으로 꽉 막으면 되겠다.

교사 너무 좁게 서면 위에서 손으로 칠 수도 있겠지?

학생 그러면 다리를 벌리고 넓게 서면 되겠다.

교사 여우와 닭은 울타리를 넘나들 수도 있어. 여우를 막는다고 너무 세게 힘주어 막다 보면 다칠 수도 있으니까 적당할 때 통과시켜줘도 되겠지? 그동안 닭은 빠져나가고.

학생 울타리가 중요하겠네요.

교사 그럼.

학생 빨리해봐요.

교사 그럼, 술래를 정하자. 누구 여우와 닭 해볼 사람.

학생들 저요, 저요.

교사 좋아. 여우는 재훈이, 닭은 윤지가 해보자. 다른 친구들도 여우나 닭을 한 번씩 해볼 거니까 너무 실망하지 말고.

학생 전 여우 꼭 시켜주세요.

교사 알았어. 그럼 여우부터 시작하자. 어떻게 시작한다 그랬지?

학생들 "닭아 닭아. 나랑 놀자."

교사 그래. 잊지 않았구나. 그럼 첫 여우, 재훈이. 시작해볼까?

재훈 "닭아 닭아. 나랑 놀자."

- 중략 -

교사 닭이 쉽게 안 잡히죠? 여우가 너무 힘들어하는 것 같아. 이번엔 여우를 두 마리로 할 거야. 여우 해볼 사람? 그래, 예솔이, 채현이. 닭 해볼 사람? 닭은 현우.

교사 이번엔 여우가 두 마리라서 울타리의 역할이 더 중요해졌어요. 시작해볼까?

학생들 (여우 두 마리가 동시에) "닭아 닭아. 나랑 놀자."

🌸 **도움말** ······························

1. 여우와 닭이 쫓고 쫓기다 보면 다칠 수도 있으니 안전에 주의하세요.
2. 울타리도 여우를 적절하게 드나들게 해보세요.
3. 참여 인원에 따라 여우의 수를 2~3명으로 조절하세요.

3부
감각 놀이

감각 놀이

- 활동형태 **전체활동**
- 예상소요시간 **5~10분**
- 준비물 **없음**
- 난이도 **①** ② ③ ④ ⑤

손뼉 도미노

🌸 이 연극놀이는요 ·

〈손뼉 도미노〉는 리듬감 있게 손뼉을 이어 치는 연극놀이입니다. 몸의 감각과 리듬감을 익히기 좋으며 가벼운 동작 하나로 서로 마음을 열 수 있는 장점이 있습니다. 손뼉과 동작을 조금씩 바꾸어가며 리듬감 있게 진행하다 보면 저절로 흥이 납니다.

🌸 하는 방법은요? ·

1. 모두 둥그런 원으로 앉거나 섭니다.
2. 한 사람이 왼쪽 또는 오른쪽으로 몸을 돌리며 손뼉을 칩니다.
3. 손뼉을 받은 사람은 진행 방향으로 다음 사람을 향해 손뼉을 칩니다.

4. 이와 같은 방법으로 도미노가 이어지듯이 손뼉을 이어 칩니다.

5. 처음에는 천천히 시작해서 점점 빨라지게 하는데, 리듬이 끊어지지 않고 계속 이어지게 합니다.

6. 손뼉이 익숙해지면 다른 동작과 말 또는 소리를 표현하여 해봅니다.

둥그렇게 앉는다.

손뼉을 한 방향으로 보내면 옆 사람이 그것을 받아 옆으로 보낸다.

일어서서 손뼉 대신 동작과 소리를 전달한다.

🐾 이렇게 했어요 ·························

교사 여러분! 둥그런 원을 만들어볼까요?

학생들 (둥글게 선다.)

교사 우리 지금부터 손뼉을 쳐볼 거예요. 모두들 도미노 알지요? 이 놀이는 도미노가 쓰러지듯 손뼉을 쳐서 전달하는 놀이라 〈손뼉 도미노〉라고 해요.

교사 자, 그럼 해봅시다. 내가 먼저 박수를 치면 오른쪽에 있는 지영이가 박수를 옆사람에게 전해주세요.

교사 (박수 한 번.)

학생들 (오른쪽 지영이-수지-진우-현우…….)

교사 잘했어요. 그런데 도미노가 어떻게 쓰러지는지 본 사람 있나요?

학생 빨리 쓰러져요.

교사 맞아요. 이번에는 손뼉을 좀 더 빨리 옆으로 전달해봅시다.

학생들 (좀 더 빠르게 친다.)

교사 손뼉을 빨리 전달하려면 어떻게 하면 좋을까요?

학생 두세 사람 전에 미리 준비하고 있다가 치면 돼요.

교사 그렇지. 좋은 생각이에요. 그럼 그렇게 하면서 빠르고 리듬감 있게 쳐볼까요. (이 정도면 아이들 대부분 리듬감 있게 친다.)

교사 자, 이번엔 손뼉 대신 다른 동작과 소리를 넣을 거예요. 손뼉하고 똑같다고 생각하고 말과 행동을 따라 하면 돼요.

학생 "우이쒸" 이런 것도 돼요?

교사 다 됩니다. 하지만 다른 사람이 기분 나쁠 것 같은 건 참아주세요. 제가 먼저 시범을 보일게요.

교사 (두 손으로 장풍을 쏘듯이 기합을 넣으며) 얍!

학생들 (모두 '얍' 하고 옆으로 전달해서 장풍으로 한 바퀴 돈다.)

교사 잘했어요. 이제 돌아가면서 해볼게요. 무얼 할지 미리 생각했다가 자기 차례가 오면 끊어지지 않고 계속 돌아갈 거예요. 말과 행동이 들어가 있는 어떤 것이든지 좋아요.

진국 (입에 두 손을 모으고) 야옹!

학생들 (차례대로) 야옹! - 야옹! - 야옹!

수지 (한 손을 쳐들며) 우이쒸!

학생들 (차례대로) 우이쒸! - 우이쒸! - 우이쒸!

배균 (엉덩이를 들이대며) 궁쓰!

(아이들이 모두 한 바퀴 끝날 때까지 멈추지 않고 해봅니다.)

🌸 **도움말** ································

1. 빨리 적응하지 못하는 아이들도 격려하며 가는 것이 좋겠죠?
2. 창의적인 행동과 말을 칭찬해줍니다.

3. 자기가 정한 말과 행동을 미리 한 번씩 연습하게 해보는 것이 좋습
   니다.

감각 놀이

자동차 여행

🌸 **이 연극놀이는요** ·······················

〈자동차 여행〉 놀이는 학생들 눈을 가린 뒤 다른 감각에 의존해서 느끼고
행동하게 하는 놀이입니다. 또한 간접적인 시각장애인 경험을 할 수 있으므로
다른 사람의 처지가 되어볼 수 있는 놀이입니다.

🌸 **하는 방법은요?** ·······················

1. 한 공간에 아이들을 모으고 두 명씩 짝을 짓도록 합니다.
2. 두 명 중 한 명은 안대로 눈을 가리고 나머지 한 명은 눈을 가린 아이의
   뒤로 가서 양손으로 어깨를 잡습니다.
3. 어깨에 손을 얹은 아이는 눈을 가린 아이의 귀에 손가락을 넣어 "부릉 부

릉" 하면서 자동차의 시동을 겁니다.

4. 자동차에 시동을 걸고 안내 학생의 인도에 따라 다른 자동차나 구조물에 부딪치지 않고 공간을 자유롭게 돌아다닙니다.

5. 교사는 공간에 있는 자동차들에게 속력을 달리하거나 정지, 출발, 뒤로 돌아가, 어디부터 어디까지 빠르게 이동하라 등의 다양한 지시를 내립니다.

6. 교사의 다양한 지시가 끝난 후 안내자가 하고 싶은 대로 자유롭게 이동하게 합니다.

7. 안내자와 자동차의 역할을 바꾸어 2~6까지의 과정을 반복합니다.

8. 2인 자동차 여행 활동이 끝나면 학생들에게 느낌이나 소감을 말하게 합니다.

두 명이 짝이 되어
자동차와 운전자가 된다.

시동을 건 후 출발

세 명이 짝이 되어
자동차를 만들 수도 있다.

🌸 **이렇게 했어요** ·····························

교사 우리 〈자동차 여행〉이라는 놀이를 해보겠어요. 아무나 두 명씩 짝을 지어주세요.

학생들 (2명씩 모인다.)

교사 둘 중에 한 사람은 안대로 눈을 가립니다. 앞이 보이지 않도록 잘 가려야 해요.

학생들 (교사 지시대로 행동한다.)

교사 나머지 한 사람은 눈을 가린 사람 등 뒤로 가서 어깨에 양손을 올립니다.

학생들 (교사 지시대로 행동한다.)

교사 〈자동차 여행〉 놀이는 눈을 가린 한 사람이 나머지 한 사람에게 의지해서 공간을 돌아다니는 놀이입니다. 이제 자동차에 시동을 걸어볼게요. 뒤에 있는 친구는 앞 친구의 귀에 손가락을 넣어 시동을 걸어주세요.

학생들 (교사 지시대로 행동하며 자동차에 시동을 건다.)

교사 시동이 잘 걸렸나요? 이제 출발하겠습니다. 다른 자동차에 부딪히지 않도록 안내자가 잘 이끌어주세요. 눈을 가린 친구는 안내해주는 친구를 믿어야 합니다. 천천히 출발해주세요. 자, 출발!

학생들 (교사 지시대로 행동한다.)

교사 속력을 조금씩 올릴게요. 5km, (얼마 뒤)10km, (얼마 뒤)20km, (얼마 뒤)30km, (얼마 뒤)전속력.

학생들 (교사 지시대로 속력을 달리하며 공간을 움직인다.)

교사 이제는 선생님의 지시에 따라 움직입니다.('뒤로 돌아가', '정지', '소리를 최대한 죽이고 움직이기' 등의 지시를 내린다.)

학생들 (교사 지시대로 행동한다.)

교사 이제는 뒤에 안내자가 원하는 대로 움직입니다. 어떻게 움직여도 상관없습니다. 다만 부딪치지 않도록 안전에 유의해주세요.

학생들 (교사 지시대로 행동한다)

교사 자, 그만! 이제 역할을 바꿀게요. 안내자 친구는 눈을 가리고, 아까 눈을 가렸던 친구는 안내자가 됩니다. 이제 시동을 걸게요. 출발 신호에 맞춰 천천히 출발해주세요. 자, 출발!

학생들 (교사 지시대로 행동한다.)

교사 〈자동차 여행〉 놀이 재밌었나요?

학생 예!

교사 그럼 어떤 느낌이었는지 이야기해볼까요?

🌸 **도움말** ....

1. 아이들이 처음에 눈을 가리면 두려움에 잘 움직이려 하지 않을 수 있습니다. 하지만 이 놀이는 시각의 중요함을 경험하는 놀이이기 때문에 움직이는 속도를 조절하는 방식으로 아이들의 두려움을 극복시켜줍니다.
2. 안대를 한 아이가 잘 움직이지 않으려고 힘을 주면 안내하는 사람이 힘이 들 수 있으므로 두려움을 떨쳐내고 몸에 힘을 빼고 안내자를 믿도록 유도합니다.
3. 다른 사람과 한꺼번에 활동하기 때문에 부딪히면 다칠 수 있으므로 되도록 전속력 달리기는 자제시키고, 안전에 유의합니다.

- 활동형태 **짝활동**
- 예상소요시간 **10~20분**
- 준비물 **없음**
- 난이도 ❶ ➋ ➌ ➍ ➎

바뀐 곳 찾기

✿ 이 연극놀이는요 ·······················

〈바뀐 곳 찾기〉는 주의력을 길러주고, 단순한 변화로 재미를 줄 수 있어 아이들이 편하게 접할 수 있는 연극놀이입니다. 자신의 모습을 조금만 바꾸면 되기 때문에 아이들이 어려움 없이 쉽게 할 수 있고 바꾸는 사람이 조금 더 코믹하게 하면 즐거움이 배가된답니다.

✿ 하는 방법은요? ·······················

1. 두 명씩 짝을 지어 가위바위보를 한 후 이긴 사람과 진 사람을 정합니다.
2. 이긴 사람은 진 사람을 볼 수 없게 뒤돌아섭니다.
3. 진 사람은 몸의 3군데를 바꿉니다.(예 : 집어넣었던 옷을 빼기. 양말 뒤집어

신기, 소매 걷기 등) 처음 시간은 2분 이내가 적당합니다.

4. 다 바꾸었으면 이긴 사람이 돌아서서 진 사람의 모습을 보고 달라진 부분 3곳을 찾습니다.

5. 같은 방법으로 반복하는데 바꾸는 시간을 짧게 하고, 나중에는 아주 짧게 20초 정도만 줍니다.

6. 나중에는 상대방이 금방 알아볼 수 있도록 바꿉니다. 이때 최대한 상대방이 알아보기 쉽게 우스꽝스럽게 바꾸면 더욱 재미있습니다.(상대가 알아보기 힘들게 바꾸는 것보다 알아보기 쉽게, 그리고 빨리 바꾸면 양말을 벗거나, 바지를 걷어 올리는 등 우스꽝스러운 모습이 연출됩니다.)

짝의 바뀐 부분 찾기　　　　　바뀌기 전(예시)　　　　　바뀐 후(예시)

🌸 **이렇게 했어요** ·························

교사 오늘은 우리가 〈바뀐 곳 찾기〉라는 놀이를 해보겠어요. 모두 2명씩 짝을 지어주세요. (짝지은 아이들 전체를 2줄로 세운다.)

학생들 (2명씩 모인다.)

교사 짝끼리 마주 보고 가위바위보를 해서 이긴 사람과 진 사람을 정하세요.

학생들 (가위바위보를 하여 이긴 사람과 진 사람을 정한다.)

교사 가위바위보에서 이긴 사람은 손을 들어보세요. 진 사람도 손을 들어보세요. 먼저 진 사람이 자신의 옷, 손 동작, 얼굴 표정 등 3곳을 바꿔볼 거예요. 그리고 이긴 사람은 진 사람이 동작을 바꾸는 것을 보지 못하게 뒤로 돌아섭니다. 바꾸는 시간은 2분을 주겠습니다.

학생들 (이긴 사람은 뒤돌아서고 진 사람은 3곳을 바꾼다.)

교사 (자신의 몸을 바꾸고 있는 아이들에게 남은 시간을 알려준다.)이제 30초 남았습니다. 바꾸는 것을 빨리 마무리해주시기 바랍니다.

교사 네. 이제 다 바꾸었습니다. 뒤돌아 있던 친구들은 이제 돌아서서 짝의 어떤 모습이 바뀌었는지 찾아보세요. 2분의 시간을 주겠습니다.

학생들 (학생들이 상대방의 바뀐 곳을 찾는다.)

교사 (2분이 경과하면)다 찾으셨나요? 다 찾은 어린이 한번 손을 들어볼까요? 다 찾지 못한 어린이들도 있군요. 먼저 몸을 바꾼 어린이들은 찾지 못한 어린이들에게 어디가 바뀌었는지 알려주시기 바랍니다.

교사 이제 서로 역할을 바꾸어 하겠습니다. 이제는 아까 몸을 바꾸었던 어린이가 뒤돌아서시기 바랍니다. 그리고 아까 전에 찾았던 어린이가 자신의 옷, 손 동작, 얼굴 표정 등 3곳을 바꿔볼 거예요. 그리고 이긴 사람은 진 사람이 동작을 바꾸는 것을 보지 못하게 뒤로 돌아섭니다. 바꾸는 시간은 똑같이 2분을 주겠습니다.

학생들 (바꾸고 찾는 활동을 한다.)

교사 (2분이 경과하면) 다 찾으셨나요? 다 찾은 어린이 한번 손을 들어볼까요? 다 찾지 못한 어린이들도 있군요. 먼저 바꾼 어린이들이 찾지 못한 어린이들에게 어디가 바뀌었는지 알려주시기 바랍니다.

교사 이번에는 시간을 아주 짧게 줄 거예요. 시간은 20초입니다. 아까와는 다르게 상대방이 찾기 쉽게 바꿀 겁니다. 될 수 있으면 우스꽝스럽게 바꿔주세요.

학생들 (우스꽝스럽게 바꾸고, 바뀐 곳을 찾는다.)

🌸 도움말 ································

1. 처음에는 시간을 2분 정도 주고 찾기 어렵게 바꾸라고 하며, 두 번째에는
   시간을 20초 정도 주고 최대한 찾기 쉽게 해보라고 하면 똑같은 것을 반
   복하는 것보다 훨씬 재미있게 연극놀이를 할 수 있습니다.
2. 두 번째 바꿀 때에는 교사가 먼저 우스꽝스럽고 찾기 쉽게 변화를 주면
   (양말 속에 바지 넣기, 신발 바꿔 신기) 아이들도 우스꽝스럽게 바꿉니다.
3. 이 놀이는 멈추는 시점이 중요한 놀이입니다. 아이들이 놀이에 흥미를 잃
   어가는 시점을 판단해서, 아이들 입에서 "이제 바꿀 곳이 없어요."라는 말
   이 3번 이상 나왔을 때까지 하면 좋습니다.
4. 너무 일찍 끝내버리면 아이들이 자유롭게 자신에서 벗어날 수 있는 기회
   를 빼앗을 수도 있습니다.

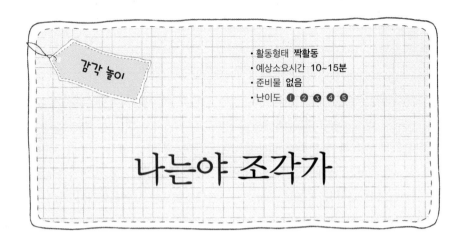

· 활동형태 짝활동
· 예상소요시간 10~15분
· 준비물 없음
· 난이도 ① ② ③ ④ ⑤

감각 놀이

나는야 조각가

🌸 **이 연극놀이는요** ········

〈나는야 조각가〉 놀이는 눈을 감고 촉각에 의존해서 상대방의 정지 동작(조각)을 그대로 복사해서 똑같은 정지 동작(조각)을 따라 하는 놀이입니다. 규칙이 간단하고 어렵지 않으며 단순하게 할 수 있는 놀이입니다. 둘이서만 할 수도 있고 두 팀이 나와서 어느 팀이 더 정확하게 조각했는지도 겨룰 수 있으며, 조각에 참여하지 않은 나머지 친구들에게 잘 조각되었는지 판단하게 할 수도 있습니다.

🌸 **하는 방법은요?** ········

1. 두 명의 아이들이 앞으로 나오게 합니다. 한 명은 조각, 나머지 한 명은

조각가가 됩니다.

2. 조각 역할을 하는 학생이 정지 동작(조각)을 먼저 만듭니다. 이때 조각가 학생은 다른 공간에 있거나 눈을 가려 보지 못하게 합니다.

3. 정지 동작(조각)이 만들어지면, 조각가는 1분 이내의 시간 동안 눈을 감고 조각을 손으로 만져서 그대로 복사해서 똑같은 조각(정지 동작)을 따라 만듭니다.(이때 조각가는 눈을 계속 감고 있다.)

4. 조각가가 조각을 완성하면 조각가로 하여금 눈을 뜨고 잘되었는지 확인하게 하고, 소감을 말하게 합니다.

5. 두 팀의 조각과 조각가가 나와서 겨루기를 하고 지켜보던 나머지 아이들로 하여금 판정하게 할 수도 있습니다.

조각가는 조각에서
약간 떨어져있다.

조각가가 조각을 만져보며
형태를 예측한다.

조각과 같은 모습으로
나란히 선다.

🌸 이렇게 했어요 ⋅⋅⋅⋅⋅⋅⋅⋅⋅⋅⋅⋅⋅⋅⋅⋅⋅⋅⋅⋅⋅⋅

교사 오늘은 〈나는야 조각가〉 놀이를 하겠어요. 지원자 두 명 이리로 나와주세요.(특정 학생을 지정해도 된다.)

학생들 (2명의 지원자가 교사 앞으로 나온다.)

교사 〈나는야 조각가〉 놀이는 조각가가 된 학생이 눈을 감고 촉각에 의존해서 조각 학생이 만든 정지 동작(조각)을 손으로 만져서 그대로 복사해서 스스로가 조각이 되는 놀이예요. 가위바위보를 해서 이긴 사람이 조각가, 진 사람이 조각이 됩니다.

학생들 (교사 지시대로 행동한다.)

교사 이제 조각 학생은 자기만의 정지 동작(조각)을 만듭니다. 조각가 학생은 조각이 보이지 않도록 눈을 감고 뒤돌아서세요.

학생들 (교사 지시대로 행동한다.)

교사 이제 조각이 다 만들어졌네요. 시간은 1분입니다. 조각가는 눈을 감고 조각을 만져서 똑같은 모양을 따라 하면 됩니다. 조각은 조각가가 몸을 만진다고 해서 움직이지 않습니다.

학생들 (교사 지시대로 행동한다)

교사 자, 그만! 조각가는 눈을 떠주세요. 어떤가요? 조각이 잘 만들어졌나요?

조각가 (자신과 조각의 모습을 비교한다.)

교사 이번에는 역할을 바꾸어볼게요.

🌸 도움말 ·······························

1. 분명히 눈을 감도록 규칙을 정하거나 안대를 사용해도 됩니다.
2. 조각가가 조각을 만지고 조각을 만드는 데는 1분 이하의 시간을 줍니다. 익숙해지면 시간을 짧게 줍니다.
3. 처음에 간단하고 단순한 동작에서 복잡하고 어려운 동작으로 난이도를 조절하게 합니다.
4. 2인 활동이 아니라 모둠활동으로의 변형도 가능합니다.
5. 다른 사람의 몸을 만지는 놀이이기 때문에 다른 사람을 존중하는 마음을 갖도록 하며, 남학생과 여학생이 함께 활동을 할 때는 더 주의해야 합니다.

감각 놀이

- 활동형태 **짝활동**
- 예상소요시간 **5~20분**
- 준비물 **없음**
- 난이도 ❶ ❷ ❸ ❹ ❺

내 짝은 어디에

🌸 **이 연극놀이는요** ·

〈내 짝은 어디에〉 놀이는 학생들의 새로운 감각(청각)을 키워주는 놀이입니다. 아이들이 평소 듣지 못하던 작은 소리에 귀 기울이게 되는 놀이입니다.

🌸 **하는 방법은요?** ·

1. 작은 소리가 날 만한 물건을 모두 하나씩 들고 두 명씩 짝을 짓도록 합니다.
2. 두 명씩 짝을 지어 자신이 들고 있는 물체의 소리를 들려주고 눈을 감거나 안대를 합니다.
3. 물건으로 소리를 내는 것 외에는 다른 소리를 내지 않도록 주의를 줍

니다.

4. 자리를 섞어주고 한 손에는 물건을 들고, 다른 한 손은 상대방이나 위험물을 찾을 수 있게 손을 내밀게 합니다.

5. 눈을 감고 자기 짝의 소리가 나는 곳을 찾습니다.

6. 짝을 찾은 것 같으면 같이 손을 잡고 서있습니다.

7. 안대를 벗고 짝이 맞는지 확인합니다.

자신의 짝이라고 생각하면
둘이 가만히 있는다.

안대를 벗고 자신의 짝이 맞는지 확인한다.

🌸 **이렇게 했어요** ·························

교사 자 여러분 우리 〈내 짝은 어디에〉라는 놀이를 해보겠어요. 작은 소리가 날 만한 물건을 하나씩 들고 선생님이 있는 쪽으로 모여주세요.

교사 이제 소리가 나는 물건을 하나씩 들었으면 2명씩 짝을 지어주세요.

학생들 (2명씩 모인다.)

교사 손에 들고 있는 물건의 소리를 짝에게 들려주세요. 소리를 들었으면 이제 눈을 안대로 가리겠습니다.

학생들 (안대로 눈을 가린다.)

교사 물건의 소리는 내지 말고 눈을 가린 채 교실을 자유롭게 움직여보세요.

교사 이제 멈추기 바랍니다. 이제 물건의 소리를 작게 내며 짝을 찾아보겠습니다.

학생들 (물건의 소리를 내며 짝을 찾는다.)

교사 짝을 찾았다고 생각하는 사람은 짝의 손을 잡고 그 자리에 멈춰 서주세요.(교사가 짝을 찾았다고 생각하는 학생들을 교실 가장자리로 안내한다.)

교사 이제 모두 짝을 찾았다고 생각하는 것 같네요. 자신의 안대를 벗고 정말 자신의 짝이 맞는지 확인해주세요.

학생들 (안대를 벗고 짝이 맞는지 확인한다.)

교사 자기의 짝을 제대로 찾은 사람 손들어 보세요.

학생들 (짝을 찾은 학생들이 손을 든다.)

교사 짝을 못 찾은 사람들도 손을 들어보세요.

학생들 (짝을 못 찾은 학생들이 손을 든다.)

교사 짝을 찾은 사람은 어떻게 찾았나요? 무슨 소리가 들렸죠? 짝을 못 찾은 사람은 왜 못 찾았나요? 어떤 소리가 비슷했나요?

학생들 (자신이 찾은 이유와 찾지 못한 이유를 말한다.)

학생들 (짝을 바꾸어 다시 소리로 짝을 찾아본다.)

🌸 도움말 ·······························

1. 아이들이 눈을 감고 하는 것보다는 안대를 하는 것이 더 집중을 잘합니다.

2. 서로 넘어지거나 부딪혀서 다칠 수 있으므로 귀로 소리를 들으며 천천히 걷도록 합니다.

3. 자신의 소리가 너무 크면 다른 사람도 소리가 커져서 결국 짝 찾기가 더 어려워진다는 것을 알려주세요.

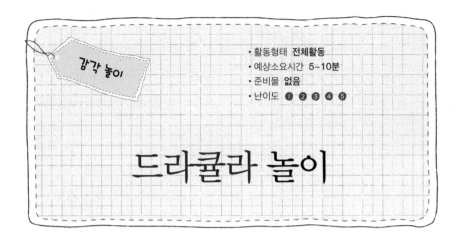

감각 놀이

- 활동형태 **전체활동**
- 예상소요시간 **5~10분**
- 준비물 **없음**
- 난이도 **①** ② ③ ④ ⑤

드라큘라 놀이

🌸 이 연극놀이는요 ·······················

〈드라큘라 놀이〉는 여러 가지 감각 중 손의 촉감을 이용한 놀이입니다. 아이들끼리 드라큘라를 찾는 상황을 통해 자연스러운 의사소통이 이루어지고 친구의 말에 관심을 기울이게 됩니다. 때로는 자신의 의견을 관철시키기 위해 설득하는 말하기가 필요한 연극놀이입니다.

🌸 하는 방법은요? ·······················

1. 모두 눈을 가리거나 엎드려 주변 상황을 볼 수 없도록 합니다.
2. 교사가 한 친구의 목을 손가락으로 콕 찍어주면 그 친구는 드라큘라(술래)의 역할을 하게 됩니다.

3. 드라큘라(술래)를 포함한 모든 학생은 '시작'이라는 구호에 맞춰 자연스 럽게 교실 곳곳을 다니며 주변 사람들과 반갑게 "안녕하세요"라고 하며 악수를 합니다.

4. 드라큘라는 악수할 때 집게손가락으로 상대방을 긁을 수 있고 드라큘라 에게 긁힌 친구는 긁힌 후 3명 이상의 친구와 악수를 한 다음에 큰 소리 를 내며 바닥에 쓰러집니다.(드라큘라는 악수를 할 때마다 긁을 필요가 없고, 먼저 긁은 친구가 쓰러질 때까지 다른 친구는 긁지 않습니다.)

5. 누가 드라큘라인지 예상해보고 확신이 들 때 '정지'를 외치고 드라큘라 로 예상이 되는 친구를 지목합니다. 만약, 지목 받은 친구가 드라큘라이 면 놀이는 끝나고, 드라큘라가 아니면 지목 받은 친구와 지목한 친구 모 두 죽습니다. 죽을 때는 "억울해!" 외치며 놀이판에서 바깥으로 빠지면 됩 니다.

주변 상황을 볼 수 없게 한다.

학생들은 모두 교실을 다니며 서로 인사한다.

드라큘라가 상대방의 손바닥을 긁는다.

긁힌 학생은 3명 이상의 사람과 인사한 후 큰 소리를 내며 바닥에 쓰러진다.

✿ 이렇게 했어요 ·························

교사 이번 시간에는 손의 감각을 이용한 〈드라큘라 놀이〉를 하려고 합니다. 모두 선생님이 고개를 들라고 하기 전까지 책상에 엎드려있도록 합시다.

학생들 (교사의 지시에 따라 자신의 자리에 엎드린 상태로 기다린다.)

교사 (한 학생의 목이나 등을 살짝 건드려 드라큘라로 정하고 난 뒤) 드라큘라가 정해졌습니다. 여러분 자연스럽게 자리에서 일어나 눈이 마주치는 친구와 "안녕하세요."라는 말과 함께 악수를 나누도록 하세요.

학생들 (다 같이 일어나 자연스럽게 걷는다.) "안녕하세요." (인사하고 다니다가 한 친구가 비명을 지르며 그 자리에 쓰러진다.)

교사 (모든 학생을 향해) 지금 한 친구가 드라큘라에 의해 목숨을 잃었습니다. 드라큘라는 누구일까요?

학생 1 (확신이 생긴 친구가 없으면 계속 진행한다. 확신이 들었을 때 친구들에게 의견을 말한다.) '정지' 얘들아! ○○이 드라큘라 같아. 아까 집게손가락으로 긁는 것 같았어! ○○! 네가 드라큘라지? 빵야!

교사 ○○! 드라큘라 맞습니까?

학생 2 아닙니다!

교사 무고한 사람이 죽었습니다. 지목한 사람과 같이 아웃이 됩니다.

학생들 (또다시 자연스럽게 걸으며 인사한다. 긁힌 친구가 또 쓰러진다.)

교사 (모든 학생을 향해) 지금 한 친구가 드라큘라에 의해 목숨을 잃었습니다. 드라큘라는 누구일까요?

학생 3 (확신이 생긴 친구가 없으면 계속 진행한다. 확신이 들었을 때 친구들에게 의견을 말한다.) 얘들아! ○○이 드라큘라 같아. 쓰러진 시간이 딱 맞아! 네가 드라큘라지? 빵야!

교사 ○○! 드라큘라 맞습니까?

학생 4 네! 제가 드라큘라입니다.

교사 드라큘라를 찾았습니다. 남은 사람들의 생명을 구할 수 있었네요.

🌸 **도움말** ································

1. 〈드라큘라 놀이〉는 감각을 이용하여 서로 의사소통을 하는 재미있는 놀이입니다. 놀이 전에 드라큘라만 검지로 긁을 수 있음을 충분히 약속하고 긁힌 사람은 3명 이상과 인사한 후 쓰러지기로 정해야 합니다. 즉, 명확하게 규칙을 알게 하고 진행해야 하며 규칙은 상황에 따라 조정할 수 있습니다.

2. 드라큘라는 자신이 드라큘라가 아닌 척 연기해야 하고, 시민들은 빨리 드라큘라를 찾아내야 합니다. 많은 시민을 쓰러뜨릴수록 드라큘라는 임무를 잘해낸 셈이 되겠지요.

3. 누구인지 예상이 안 될 때는 굳이 한 명을 골라 아웃시킬 필요가 없습니다. 잘못 아웃시키면 시민의 숫자가 1명 더 줄어들 수 있기 때문에 신중해야 합니다. 나중에 드라큘라와 시민 1명이 남으면 드라큘라가 승리하게 됩니다.

4. 때에 따라서는 드라큘라를 여러 명으로 진행할 수 있습니다. 다양한 규칙을 만들어서 해볼 수 있습니다.

4부

상상 놀이

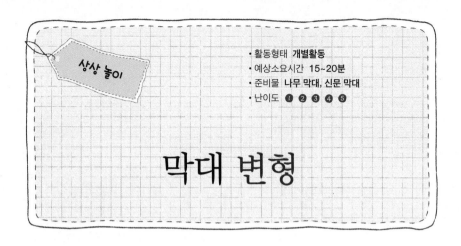

상상 놀이

• 활동형태 **개별활동**
• 예상소요시간 **15~20분**
• 준비물 **나무 막대, 신문 막대**
• 난이도 ❶ ❷ ❸ ④ ⑤

막대 변형

🌸 **이 연극놀이는요** ························

〈막대 변형〉 놀이는 아이들의 상상력을 키울 수 있는 놀이입니다. 상상 속에서 막대가 어떻게 바뀌었는지 짧은 동작과 대사를 통해 보여주는 놀이입니다.

🌸 **하는 방법은요?** ························

1. 10~15명이 한 모둠이 되어 둥글게 앉습니다.
2. 한가운데에 나무 막대 또는 신문지를 얇게 말아 만든 막대를 1개 놓아둡니다.
3. 교사부터 한 사람씩 앞으로 나가서 그 막대가 다른 물건이라고 상상하고 마임(말을 하지 않고 몸으로만 보여주기)으로 그 물건을 사용합니다.

4. 다음 사람이 나가서 다른 동작으로 마임을 합니다.

5. 막대를 1개 더 놓고 같은 방법으로 진행합니다.

신문지 막대를 가운데 두고
둥글게 앉는다.

한 사람씩 돌아가며 마임으로
그 물건을 사용한다.

막대를 이용한 마임(창 던지기)

🌸 **이렇게 했어요** ·························

교사 (학생들과 함께 둥글게 앉는다.) 오늘은 〈막대 변형〉 놀이를 해보겠습니다. (앞으로 나가 막대를 들고) 이게 무엇으로 보입니까?

학생들 막대요!

교사 좋습니다. (막대로 귀를 파는 흉내를 내며) 이렇게 하면 무엇으로 보입니까?

학생들 귀후비개요!

교사 맞습니다. 여기 이 막대는 단순히 막대일 뿐입니다. 그런데 여러분이 상상하는 것에 따라 아주 커질 수도, 아주 작아질 수도 있습니다. (이 쑤시는 흉내를 내며) 이 막대는 이쑤시개가 되기도 하고 다른 무엇이 될 수도 있습니다. 지금부터 선생님 오른쪽에 있는 친구부터 앞으로 나와서 막대를 변형해보세요. 우리는 그것을 보며 '아, 그렇구나!' 하고 느끼면 됩니다. 답을 맞추려고 애쓰지 않습니다.

학생들 (한 사람씩 앞으로 나가 막대를 다양하게 변형하여 마임으로 표현합니다.)

교사 이번에는 막대를 하나 더 놓고 같은 활동을 하겠습니다.

학생들 (한 사람씩 앞으로 나가 2개의 막대를 다양하게 변형하여 마임으로 표현합니다.)

🌸 도움말 ·····························

1. 앞 사람이 했던 것은 하지 않기로 하고, 너무 생각이 나지 않는 사람은 '통과'를 외칠 수 있도록 합니다, 단, '통과'는 두 번 연속으로 쓸 수는 없습니다.
2. 한 바퀴 돌고 끝나는 것이 아니라 한 바퀴 더 돌면 더 다양한 아이디어가 나옵니다.
3. 막대 1개 변형의 예 - 야구방망이, 골프채, 낚싯대, 검, 역기, 음주측정 경찰 야광봉
4. 막대 2개 변형의 예 - 다듬이 방망이, 스키, 수맥 찾기, 젓가락, 고무줄 놓기, 쌍절곤
5. 막대 2개 변형까지 잘되면, 신문지를 한 장 놓고 양탄자 등 면으로 변형할 수 있습니다. 또, 앞 사람이 나와 연기를 할 때 다른 사람이 나와서 앞 사람 연기에 맞추어 상대 연기를 해주어도 좋습니다. 예를 들어 한 사람이 나와서 야구를 하려고 야구방망이를 잡고 있으면 다른 사람이 나와서 맞은편에서 투수가 되어 공을 던져주는 연기를 할 수 있습니다.

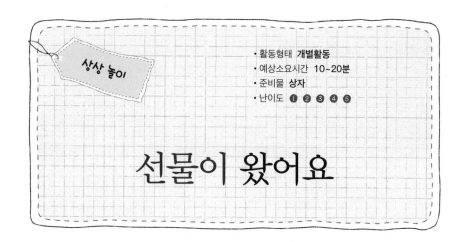

상상 놀이

- 활동형태 **개별활동**
- 예상소요시간 **10~20분**
- 준비물 **상자**
- 난이도 ❶ ❷ ❸ ❹ ❺

선물이 왔어요

✿ 이 연극놀이는요 ·······················

〈선물이 왔어요〉는 자신의 생각을 마음껏 표현할 수 있는 활동으로 학급 전체 구성원이 참여해서 할 수 있는 놀이입니다. 자신이 전달받은 상자 안에 어떤 선물이 들어있다고 가정하고 그것을 전달받았을 때의 반응, 동작, 상황 등을 간단한 연기(몸짓과 마임, 의성어나 감탄사)로 나타내는 활동입니다. 그것을 본 나머지 사람들이 어떤 선물을 받았는지를 맞추게 하거나 이해하게 해도 됩니다. 상상하기와 표현하기가 복합된 연극놀이로 난이도가 있는 놀이이므로 학급에서 시도하기 위해서는 상상하고 표현하기에 대한 기본적인 수준과 허용적인 분위기가 만들어진 뒤 실시해야 합니다.

● **하는 방법은요?** ....

1. 모둠 또는 학급의 아이들이 둥글게 둘러앉게 합니다.
2. 제일 먼저 교사가 상자를 가져와 상자를 열고 특정한 선물을 받았을 때의 반응, 동작, 상황을 연기합니다.(강아지를 선물 받았을 때, 핸드폰을 선물 받았을 때, 자동차를 선물 받았을 때 등)
3. 교사의 연기로 상황을 보여준 뒤 어떤 선물이고 어떤 상황인지를 학생들에게 질문합니다.
4. 교사는 상자를 다시 닫고 다른 사람에게 선물 상자를 전달합니다.(선물을 전달하는 순서는 자유롭게 정합니다.)
5. 선물을 전달받은 학생은 2와 3의 과정을 반복하고 다른 친구에게 선물 상자를 다시 전달합니다.
6. 모든 사람의 선물 전달하기가 끝나면 학생들과 소감나누기 활동을 하거나 누가 가장 실감나거나 기발한 상황을 보여주었는지 뽑아보는 활동을 해도 됩니다.

선물 상자를 받는다.

선물을 확인한다.

선물로 할 수 있는 상황을 즉흥으로 연기한다.(자동차 운전)

선물 상자를 옆 사람에게 전달한다.

선물을 확인한다.

선물을 활용한 즉흥 연기

🌸 이렇게 했어요 ·························

교사 이번에는 〈선물이 왔어요〉라는 연극놀이를 해보겠습니다. 이 놀이는 우리 반 모두가 함께할 수 있고 여러분의 생각을 자유롭게 표현할 수 있는 재미있는 놀이입니다. 그런데 시작에 앞서 여러분이 꼭 지켜야 할 약속 두 가지를 알려줄게요.

첫째, 놀이를 하면서 선생님이나 친구들이 어떤 연기를 보여도 비난하거나 비웃기보다는 '저게 뭘까? 왜 저렇게 행동할까?'를 생각해보세요.

둘째, 상자 안의 선물은 그 어떤 것도 가능합니다. 상자의 크기는 중요하지 않아요. 비록 작은 상자지만 그 안에는 핸드폰, 인형, 애완동물, 코끼리, 자동차, 비행기 같은 어떤 선물도 들어갈 수 있어요.

이제 놀이를 시작할게요. 모두 둥글게 앉아주세요.

학생들 (교사 지시대로 행동한다.)

교사 (교사가 밝은 얼굴로 상자를 들고 학생들에게 이야기한다.) 선생님이 어제 친한 친구에게서 선물을 받았어요. 여러분은 선생님의 연기를 보고 제가 받은 선물이 무엇인지를 추측해보세요. 자 이제 선물 상자를 열어볼게요.

학생들 (교사의 연기에 집중한다.)

교사 (자동차 선물이라고 가정했을 때! 선물에 매우 놀라고 신나 하며, 자동차 문을 열고 운전석에 앉아 기계를 조작하고 운전을 해서 어딘가로 향하는 연기를 보여준다.)

교사 (연기를 다 보여준 뒤) 잘 봤죠? 제가 어떤 선물을 받았는지 아는 사람? 무엇을 선물로 받았는지 말해볼까요?

학생들 자동차요!

교사 잘했습니다. 여러분은 상자 속 선물을 받으면 그 선물을 받았을 때의 상황, 반응, 사용하는 모습 등을 저와 같이 연기로 보여주면 됩니다. 그런데 연기는 몸짓과 간단한 마임, 의성어나 짧은 말로만 해야 합니다. 긴 대사는 안 돼요.

교사 이제 그럼 본격적으로 놀이를 시작해볼게요. 아까의 두 가지 약속을 잊지 마세요. 상자를 받고 생각이 나지 않거나 너무 어렵다면 '통과'를 사용할 수도 있습니다. 이제 제 선물을 전달하겠습니다.

재연 (커다란 구슬을 정성스럽게 닦는 연기를 한다.)

교사 잘했어요. 재연이가 받은 선물은 뭐죠?

학생들 수정 구슬이요.

교사 잘했어요. 그럼 이제 재연이가 찬식이에게 선물을 전달하세요.

재연 (비오는 날 우산 펴는 몸짓을 하며 선물을 다음 학생에게 전달한다.)

찬식 (선물 받는 상황을 연기한다.)

교사 (활동이 다 끝난 후) 재미있었나요? 놀이를 하고 난 뒤의 느낌을 이야기해볼까요?

학생들 (각자의 소감을 이야기한다.)

🌸 **도움말** ·······························

1. 〈선물이 왔어요〉는 자신의 생각을 마음껏 표현하는 활동입니다. 정답이 따로 없고 자신이 생각한 것을 그대로 활동에서 표현하면 됩니다.

2. 상자 안에 들어있는 선물은 어떤 것이든 괜찮습니다. 실제 있는 것도 좋고 상상 속의 물건도 상관없습니다. 상자의 크기도 상관이 없습니다. 핸드폰도 되고, 공룡도 되고, 뽀로로도 되고, 거울도 되고, 자동차도 됩니다. 다만 학생이 그것을 표현할 수 있는 허용적인 분위기를 만들어야 합니다.

3. 〈선물이 왔어요〉를 할 때 선물을 말로 설명하려고 하지 말고 그것을 가지고 할 수 있는 동작과 간단한 연기(몸짓, 마임, 의성어나 감탄사 등)를 하도록 합니다. 이렇게 할 때 더 실감 나고 상황에 몰입할 수 있으며 연극(놀이)적인 활동이라고 할 수 있습니다.

4. 선물을 받은 연기를 끝낼 때는 정지 동작으로 마무리를 해서 연기와 실제
가 자연스럽게 구분되도록 합니다.

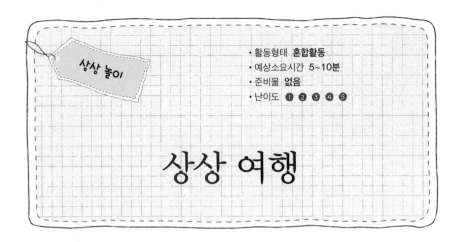

상상 놀이

- 활동형태 **혼합활동**
- 예상소요시간 **5~10분**
- 준비물 **없음**
- 난이도 ❶ ❷ ❸ ❹ ❺

상상 여행

🌸 **이 연극놀이는요** ·······················

〈상상 여행〉은 상상의 세계를 마음껏 누릴 수 있는 기회, 생각을 마음껏 표현할 수 있는 기회를 만들어주는 연극놀이입니다.

🌸 **하는 방법은요?** ·······················

1. 반 전체 학생들이 빈 공간을 찾아 걷습니다.
2. 이때 교사가 '○○에 가자.'라고 외칩니다.
3. 학생들은 교사가 외친 곳을 따라 외치며 그곳에 있을 법한 것(사람, 사물)을 정지 동작으로 표현합니다.
4. 교사는 정지해있는 학생들을 한 명씩 찾아다니면서 인터뷰를 하거나, '숨

불어넣기'로 간단한 대사와 동작을 시킴으로서 그 학생이 표현한 것이 무엇인지 알아봅니다.

| 교사가 외친 곳을 학생들도 따라 외친다. | 그곳에 있을 만한 사물이 된다. | 로봇이 된 학생 |

🌸 이렇게 했어요 ·························

교사 이번 시간에는 여러분이 상상의 나래를 활짝 펴고 자신의 생각을 마음껏 표현할 수 있는 〈상상 여행〉이라는 놀이를 해보겠어요. 우선 다른 사람과 부딪히지 않도록 빈 공간을 찾아 걸어보세요.

학생들 (교사의 지시에 따라 교실의 빈 공간을 찾아 걸어 다닌다.)

교사 여러분 바다에 가볼까요? "바다에 가자."

학생들 "바다에 가자." (바다에 가자를 외치며 바다에 있을 법한 사람이나 사물을 만들어 정지 동작으로 표현한다.)

교사 (한 학생에게 다가가 '숨 불어넣기'를 한다.) 당신은 누구십니까?

학생 네 저는 꽃게입니다.

교사 아 그러시군요. 꽃게 선생님, 지금 무엇을 하고 계시는 거죠?

학생 네 친구를 만나러 가는 중입니다.

교사 친구와 만나서 무엇을 하려고요?

학생 친구와 함께 소풍을 가려고 합니다.

교사 아 그러시군요. 꽃게 선생님, 그럼 친구 분과 즐거운 소풍 되길 빌겠습니다.

교사 자, 이제 다시 한 번 빈 공간을 찾아 걷겠습니다.

학생들 (빈 공간을 찾아 걷는다.)

교사 이제는 여러분 중에 아무나 원하는 곳을 말해주시기 바랍니다.

학생 "미래 세계로 가자!"

학생들 ("미래 세계로 가자"를 외치며 미래 세계에 있을 법한 인물이나 사물을 정지 동작으로 표현한다.)

교사 (한 학생에게 다가가 손끝으로 살며시 건드린다.)

학생 주인님, 방 청소를 다했습니다. 이제는 어디를 청소할까요?

교사 아 당신은 청소 로봇이군요?

학생 맞습니다. 저는 청소 로봇입니다.

교사 잘했어요.

🌸 도움말 ·······························

1. 〈상상 여행〉은 자신의 생각을 마음껏 표현하는 활동입니다. 정답이 따로 없고 자신이 생각한 것이 정답입니다. 마음대로 표현하도록 허용적인 분위기를 만들어주세요.

2. 갈 장소는 어떤 곳이든 상관없습니다. 현실에 있는 곳도 좋고 상상 속의 세계도 상관없습니다. 되도록 현실과 동떨어진 곳으로 가보면 아이들이 더 상상의 나래를 펼 수 있을 것입니다.

3. '숨 불어넣기'를 할 때에는 조심스럽게 건드리고 숨이 불어넣어진 학생은 자신이 표현한 인물 혹은 사물을 설명하려고 하지 말고 그 인물이나 사물이 할 수 있는 동작과 대사를 하도록 합니다. 가령 예를 들어 위의 활동에서 학생이 "저는 청소 로봇입니다."라고 말하는 것보다는 위와 같이 "주인

님 방 청소를 다했습니다. 이제는 어디를 청소할까요?"라고 말하는 것이
더 실감 나고 그 인물에 몰입될 수 있으며 더 연극적인 활동이라고 할 수
있습니다.

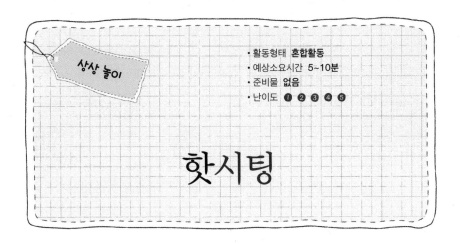

상상 놀이

• 활동형태 **혼합활동**
• 예상소요시간 **5~10분**
• 준비물 **없음**
• 난이도 ❶ ❷ ❸ ❹ ❺

핫시팅

🌸 **이 연극놀이는요** ·······················

〈핫시팅〉은 등장인물의 마음을 탐색해보기 위해 자주 사용하는 교육 연극 기법 중의 하나입니다. 학생들 중 한 명이 시나 이야기의 쟁점이 되는 인물이 되어 앞에 있는 의자에 앉으면, 다른 학생들이 그 사람에게 인물의 마음과 생각을 물어봄으로써 등장인물의 마음을 실제 상황인 듯 생생하게 알아볼 수 있습니다.

🌸 **하는 방법은요?** ·······················

1. 의자 하나를 교실 앞에 준비합니다.
2. 시나 이야기의 중심 인물을 정합니다.

3. 학생 중 한 명을 불러내서 의자에 앉힙니다. 이때 의자에 앉은 학생은 시나 이야기의 중심 인물이 됩니다.

4. 다른 학생들은 인물에 대해 궁금한 것을 질문합니다.

5. 교사는 바르게 진행되도록 중심을 잡고 이끌어갑니다.(옆으로 빠지는 질문이 나올 때 질문을 하면서 분위기를 다시 잡거나, 앞에 나온 학생이 어려워하면 도움을 줄 수 있습니다. 주의해야 할 것은 언제까지나 드라마 상황을 깨뜨려서는 안 된다는 것입니다.)

6. 궁금증이 다 해결되면 인물을 들여보냅니다.

7. 다른 인물을 불러내어 탐색할 수도 있습니다.

앞에 나와 앉은 인물에게 궁금한 점을 질문하고 답한다.

🌸 **이렇게 했어요** ·························

어머니

— 남진원

사랑스런 것은
모두 모아
책가방에 싸주시고,

기쁨은 모두 모아
도시락에
넣어주신다.

그래도 어머니는
허전하신가 봐.

뒷모습을 지켜보시는 그 마음
나도 알지.

교사 (앞자리 가운데에 빈 의자를 가져다 놓으며) 여기에 엄마를 모셔 오겠습니다. 누가 해보고 싶나요?

교사 집안일 하시느라 바쁘실 텐데 나와주셔서 감사합니다. 우리 반 학생들이 어머님한테 궁금한 것이 많은데 궁금증을 풀어주시면 고맙겠습니다. 여러분은 예의를 지키면서 질문하면 좋겠네요.

교사 시 속에 나오는 엄마에게 그동안 궁금했던 것 모두 질문하세요. 시 속에 나오지 않는 내용도 괜찮습니다. 자기 경험과 관련된 질문도 괜찮습니다. 자, 질문하세요.

학생들 (앞에 나온 엄마 역할 학생에게 엄마에게 궁금했던 것을 질문한다.)

- 도시락 싸주실 때 귀찮은 생각은 안 들었나요?
- 엄마는 제가 어떤 사람이 되길 바라시나요?

엄마 역할 학생 (다른 아이들의 질문에 엄마의 입장에서 답한다.)

교사 (마무리할 때쯤) 어머님이 바쁜 일이 생겨서 가보셔야 하는데 세 가지 질문만 더 받겠습니다. 꼭 묻고 싶은 질문만 해주세요.

학생들 (세 가지 질문을 하고 대답을 한다.)

교사 어머님, 학생들의 질문에 잘 대답해주셔서 감사합니다. 안녕히 가세요.(엄마 역할 학생을 자기 자리로 돌려보낸다.)

교사 엄마 역할을 해보니 어땠나요? 질문한 친구들은 어땠나요? 어떤 마음으로 질문했나요?

1. 핫시팅은 한 학생이 시나 이야기에 나오는 인물이라고 가정하고 질문과 대답을 하면서 등장인물의 마음을 생생하게 들어보는 놀이인 만큼 진지한 분위기에서 드라마적인 상황을 유지해야 합니다. 특히 교사가 학생들이 드라마적인 상황에 몰입할 수 있도록 등장인물이 된 학생을 실제 등장인물처럼 대해야 합니다.

2. 학생들이 주제에서 벗어난 질문과 대답을 하면 적절하게 대처해 분위기를 잡아주어야 합니다.

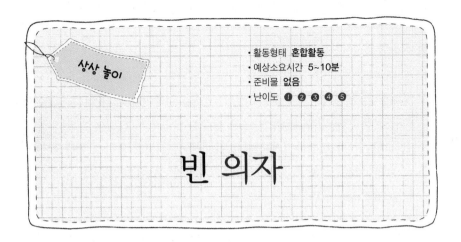

상상 놀이

- 활동형태 **혼합활동**
- 예상소요시간 **5~10분**
- 준비물 **없음**
- 난이도 ❶ ❷ ❸ ❹ ❺

빈 의자

🌸 **이 연극놀이는요** ·······················

〈빈 의자〉는 교실 앞에 의자를 놓고 시나 이야기의 인물을 의자에 앉혔다고 상상하며 인물의 모습이나 생각, 느낌을 알아보는 연극놀이입니다.

〈핫시팅〉은 앞에 의자에 앉은 사람이 등장인물에 대해 말하지만 〈빈 의자〉는 앞에 의자를 비워둔 채 둘레 사람이 등장인물에 대해 말을 합니다.

🌸 **하는 방법은요?** ·······················

1. 의자 하나를 교실 앞에 준비합니다.
2. 시나 이야기의 중심 인물을 정합니다.
3. 의자에 중심 인물이 앉았다고 상상합니다.

4. 학생들은 의자에 앉아있는 인물
   에 대해 한마디씩 합니다.(인물의
   얼굴, 옷차림, 상황, 마음, 생각, 하고
   있는 말 등 인물에 대해 상상되는 것
   을 말합니다.)

빈 의자에 인물이 앉아있다 생각하고 인물에 대해
상상하며 이야기한다.

5. 인물에 대한 탐색이 다 끝나면 다
   른 인물을 빈 의자에 앉혀 탐색할
   수도 있습니다.

🌸 **이렇게 했어요** ·························

재수 없는 날
                    — 오색초 4학년 박연선

광복이네 집에서 낮잠을 자고 일어나니
아저씨들이 마루에서 화투를 치고 있었다.
옆에 앉아 구경하는데
광복이 아버지가 나를 보고
다른 아저씨들한테 내 며느리라고 자랑했다.
기분 나빠
나는 벌떡 일어났다.
"어허 며느리 어디 가."
다신 이 집에 오나 봐라
이빨이 삐죽 나와서 쿵쿵대며
방으로 갔다. (9. 22)

교사 (앞자리 가운데에 빈 의자를 가져다 놓으며) 여기에 광복이 아버지를 모셔
왔습니다.

(인사하며) 농사일하시랴, 화투 치시랴 바쁘실 텐데 나와주셔서 감사합니다.

교사 여기 계신 아버지는 어떤 분인가요?

학생들 (떠오르는 대로 대답한다.)

- 팔뚝이 굵어요.
- 웃는 얼굴이에요.
- 아이들한테 장난을 잘 걸어요.
- 꽁지머리를 했어요.

🍄 **도움말** ·······························

1. 교사가 학생들이 드라마적인 상황에 몰입할 수 있도록 등장인물이 실제
   로 의자에 앉아있다고 생각하게끔 행동해야 합니다. 또한 학생들이 상황
   에 맞지 않은 말을 하면 적절하게 대처해 분위기를 잡아주어야 합니다.
2. 등장인물의 모습을 상상하기 때문에 그림 없이 나오는 시나 이야기를 준
   비하는 것이 좋습니다.

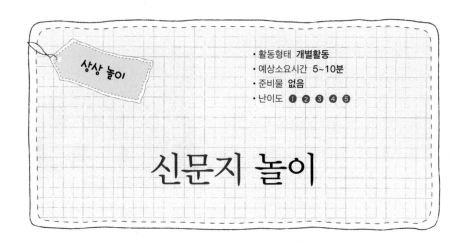

상상 놀이

- 활동형태 **개별활동**
- 예상소요시간 **5~10분**
- 준비물 **없음**
- 난이도 ❶ ❷ ❸ ➍ ➎

신문지 놀이

🌸 **이 연극놀이는요** ·······················

〈신문지 놀이〉는 신문지의 다양한 형태(네모 반듯한 신문지, 둘둘 말은 신문지 등)를 본래의 용도가 아닌 다른 용도의 물건으로 상상하여 즉흥으로 행동해보는 놀이입니다. 아이들이 자신의 상상력을 충분히 발휘할 수 있는 놀이입니다.

🌸 **하는 방법은요?** ·······················

1. 모두 둥글게 자리 잡고 앉습니다. 중앙에 신문지 한 장을 놓습니다.
2. 아이디어가 떠오른 친구는 중앙으로 나와 신문지를 주워 들고 신문지의 모양을 바탕으로 자신이 떠올린 다른 용도로 짧은 상황극을 하고 자기 자

리로 돌아옵니다. 앉아있는 친구들은 무엇인지 맞춰보도록 합니다.

3. 아이디어가 떠오른 사람부터 할 수도 있고 원을 그리고 앉은 순서대로 진행할 수도 있습니다.

4. 신문지 모양을 마음대로 바꾸어도 좋습니다. 공처럼 뭉쳐도 되고, 보자기처럼 펼쳐도 됩니다.

신문지로 화장실 상황 표현

🌸 이렇게 했어요 ·························

교사 이번 시간에는 여러분들의 상상력을 마음껏 펼칠 수 있는 〈신문지 놀이〉를 하려고 합니다. 큰 원을 그리고 바닥에 앉아주세요.

학생들 (모두 원의 형태로 바닥에 앉는다.)

교사 (학생들 가운데에 막대기처럼 돌돌 말은 신문지 뭉치를 놔둔다.) 자, 여기 신문지를 돌돌 말은 물체가 있습니다. 이 물체는 여러분의 상상에 따라 다양한 물건으로 바뀔 수 있습니다. 아이디어가 떠오른 친구는 자연스럽게 중앙으로 나와 물건을 가지고 간단한 즉흥 연기를 해주세요.

학생들 (곰곰이 생각하고 무엇이 될 수 있을지 상상한다.)

교사 (모든 학생을 향해) 제가 먼저 시범을 보이겠습니다. 아우, 고기를 먹었더니 이에 뭐가 끼네. 이걸로 좀 빼내야지. 자, 이건 무엇일까요?

학생들 이쑤시개요!

교사 맞췄습니다. 자, 이제 여러분들이 해보도록 하겠습니다.

학생1 저기 노루가 있다. 저걸 잡으면 오늘 저녁은 해결할 수 있겠어. 빵! 총입니다.

학생2 우리 집에 전기가 올 수 있도록 해주는 아주 소중한 것이지. 아주 길고

높군. 전봇대입니다.

학생 3 저기 멀리에는 뭐가 있으려나? 와! 맛난 음식들이 있군. 이걸 사용하니 아주 멀리 있는 것도 잘 보이고 좋구먼. 망원경입니다.

(계속 다음 학생이 이어서 한다. 될 수 있으면 모든 학생이 해볼 수 있도록 한다.)

교사 다음으로는 신문지 형태를 바꾸어서 해볼게요. 신문지를 마음대로 여러분들이 바꿔서 표현하면 되겠습니다. 자! 시작할게요.

학생들 (순서에 맞게 나와서 자신의 생각을 표현한다.)

학생 4 (신문지를 펼쳐놓고 그 위에 오르며) 날아라, 마법의 양탄자.

🐘 도움말 ·······························

1. 〈신문지 놀이〉는 자신의 상상력을 바탕으로 한 가지 형태의 물건을 다양한 물건으로 바꾸어보는 놀이입니다.

2. 아이들이 선뜻 나와서 하기 어려울 수 있습니다. 그럴 때에는 교사가 먼저 원 중앙에서 시범을 보여주면 조금 더 자연스러운 분위기로 진행할 수 있습니다.

3. 다른 친구와 똑같은 아이디어가 아니라면 어떤 아이디어든지 간에 허용해주고 칭찬을 해줄 수 있도록 합니다. 허용적인 분위기에서 다양한 아이디어가 나올 수 있으니까요!

4. 팀으로 나누어서 제한 시간을 두고 각 팀별로 번갈아 진행할 수도 있습니다. 이렇게 진행할 때에는 사전에 미리 시간과 방식을 설명해주고 규칙에 맞게 진행하도록 합니다. 시간을 어기거나 한 번 한 친구가 또 나와 하게 되면 놀이에서 지는 걸로 해도 됩니다.

상상 놀이

- 활동형태 **전체활동**
- 예상소요시간 **10~15분**
- 준비물 **없음**
- 난이도 ❶ ❷ ❸ ❹ ❺

독거미

🌸 **이 연극놀이는요** ·······················

〈독거미〉는 감각놀이의 일종으로, 학생들이 눈을 감은 상태에서 청각과 촉각에 의지하여 술래를 피하는 놀이입니다.

🌸 **하는 방법은요?** ·······················

1. 학생 10~15명 정도가 울타리가 되고, 나머지 학생들은 울타리 안에 들어가 눈을 감습니다.
2. 교사가 한 학생을 살짝 건드리면 그 학생은 독거미가 됩니다. 독거미인 학생은 눈을 감은 상태에서 양손으로 더듬이 모양을 만들고, '칫-칫' 등 독거미가 낼 만한 소리를 내며 빈 공간을 돌아다닙니다.

3. 나머지 학생들은 각자 팔짱을 끼고 몸 앞쪽으로 내민 상태로 교실의 빈 공간을 돌아다닙니다.

4. 독거미의 더듬이에 찔린 학생들도 독거미가 되어 독거미의 행동과 소리를 내며 계속 돌아다닙니다.

5. 울타리가 된 학생들은 독거미나 나머지 학생들이 책상 모서리 등에 부딪혀 다치지 않도록 막아줍니다.

6. 제한 시간이 지난 후 독거미가 되지 않고 살아남은 생존자들을 확인합니다.

7. 활동을 마친 후 소감을 나눕니다.

독거미는 양손으로
독 뿜는 입을 표현한다.

나머지는 팔짱을 낀다.

눈을 감은 후 독거미는 쫓고
나머지는 피해 다닌다.

🌸 이렇게 했어요 ·

교사 이번 시간에는 〈독거미〉라는 놀이를 할 거에요. 독거미는 어떻게 생겼는지 표현해볼까요?

학생들 (교사의 지시에 따라 각자 독거미의 모습을 표현한다.)

교사 그렇다면 독거미는 어떤 소리를 낼까요?

학생들 "칫-칫, 츄-츄, 쉿-쉿."

교사 그럼 독거미 놀이를 해볼까요? 먼저 울타리를 맡은 친구들이 손을 잡고 둥글게 서보세요. 이제 손을 놓고 간격을 벌려서 그 자리에 서있으면 돼요. 울타리들은 울타리 안에 있는 친구들이 기둥에 부딪히거나 울타리 밖으로 나가지 않도록 막아주면 돼요.

학생들 (울타리가 되어 둥그렇게 선다.)

교사 그럼 이제 나머지 친구들은 울타리 안에 들어가서 눈을 감으세요.

학생들 (울타리 안으로 들어가서 눈을 감는다.)

교사 이제 우리는 숲 속에 있어요. 여기 울타리 안에는 독거미와 벌레들이 사는데, 독거미의 독은 아주 강해서 독거미의 더듬이에 찔리면 벌레들도 독거미로 변해요. 여러분은 독거미 소리를 잘 듣고 독거미를 피해야 해요. 3분이 지났을 때 독거미로 변하지 않으면 살아남게 됩니다. 다들 눈 감았나요?

학생들 네.

교사 그럼 이제 내가 돌아다니다가 한 명을 독거미로 만들 거예요. 내가 머리에 손을 얹은 사람은 5초 후에 독거미가 됩니다. 그럼 시작하겠습니다. (울타리 안으로 들어가 한 학생의 머리에 손을 얹는다.)

🌰 도움말 ·······························

1. 활동을 시작하기 전에 울타리를 제외한 모든 학생들이 눈을 감은 상태가 되었는지 확인한 뒤에 활동을 진행하는 것이 좋습니다. 그러면 조용한 상태에서 활동을 진행할 수 있고 학생들도 누가 독거미가 될지 모르기 때문에 긴장감을 느낄 수 있습니다.

2. 활동을 시작하기 전에 각자 독거미가 되었을 때 어떤 소리를 낼 것인지 동작과 함께 표현해보면 학생들이 독거미가 되었을 때 머뭇거리지 않고 바로 활동에 참여할 수 있습니다.

3. 울타리 안의 학생들에게 팔짱을 끼고 몸 앞으로 내미는 것은 몸을 보호

하기 위한 것임을 알려주고, 눈을 감은 상태에서 너무 빠르게 움직이다가 서로 부딪혀 다칠 수 있으므로 뛰어서 움직이지 않도록 주의를 주는 것이 좋습니다.

4. 울타리가 되는 학생의 수를 줄이면 활동 범위가 좁아지기 때문에 놀이의 난이도가 높아집니다.

• 활동형태 **전체활동**
• 예상소요시간 **15~20분**
• 준비물 **없음**
• 난이도 ❶ ❷ ❸ ❹ ❺

상상놀이

음벨레

🌸 **이 연극놀이는요** ·····················

〈음벨레〉는 감각놀이의 일종으로, 한 학생이 눈을 감은 상태에서 주변 친구
들이 들려주는 소리에 의지하여 술래를 피하는 놀이입니다. 주변에서 들리는
소리가 커지고 작아짐에 따라 움직이는 속도나 방향이 달라지는 재미를 느낄
수 있는 놀이입니다.

🌸 **하는 방법은요?** ·····················

1. 학생 15~20명 정도가 둥그렇게 둘러서서 울타리를 만듭니다.
2. '음벨레'에 대해 이야기해줍니다.

　　아프리카에서는 사냥꾼들이 사냥을 할 때 '음벨레' 소리를 낸대. 창과 방패를 들고 옆으로 길게 줄을 맞추어 사냥감한테 다가가다가 저기 멀리 사냥감이 보이면 작은 소리로 박자 맞추어 '음벨레, 음벨레' 한대. 그러다가 사냥감이 가까이 있으면 큰 소리로 '음벨레, 음벨레' 외치고. 소리 크기에 따라 사냥감이 가까이 있는지, 멀리 있는지 알 수 있겠지.

3. 두 명의 학생이 각각 술래인 '사자'와 쫓기는 '사슴'이 되며, 각자 눈을 감은 상태에서 울타리 안을 돌아다닙니다.

4. 울타리가 된 학생들은 한목소리로 '음벨레-음벨레-.'라는 소리를 냅니다. 이때, 사자가 사슴에게 가까워지면 소리를 크게 내고, 멀어지면 작게 냅니다.

5. 사슴은 주변에서 들리는 소리의 크기로 사자의 위치에 대한 힌트를 얻어 사자를 피합니다.

6. 제한 시간 안에 사슴이 사자에게 잡히지 않으면 사슴의 승리입니다.

사자와 사슴이 멀면
'음벨레' 소리를 작게 낸다.

사자와 사슴이 가까워지면
'음벨레' 소리를 크게 낸다.

🐾 **이렇게 했어요** ·························

교사 이번 시간에는 〈음벨레〉라는 놀이를 할거예요. 먼저 다 같이 손을 잡고 둥글게 서보세요. 이제 손을 놓고 사이를 벌려서 그 자리에 서있으면 돼요.

학생들 (크게 원을 그리며 둥그렇게 선다.)

교사 여기는 숲 속이에요. 숲에는 나무들이 많고 사슴이 살고 무서운 사자가 있지요. 사자는 사슴을 잡아먹으려고 호시탐탐 기회를 엿보고 있답니다. 자, 그럼 누가 사슴과 사자를 해볼까요?

학생들 저요!

교사 네, 그럼 사슴과 사자는 원 안으로 들어가세요.

학생들 (학생 두 명이 원 안으로 들어간다.)

교사 (둘러선 학생들을 향해) 여러분은 이제 나무가 되었어요. 이 나무들은 안에 있는 사자와 사슴이 나무에 부딪히거나 숲 밖으로 나가지 않도록 막아주면 돼요. 나무들은 '음벨레'라는 말만 할 수 있답니다. 교사를 따라 나무 말을 연습해볼까요? (작게) "음벨레- 음벨레- 음벨레-."

학생들 (한목소리로 작게) "음벨레- 음벨레- 음벨레-."

(위의 과정을 반복하여 크게, 점점 크게, 점점 작게 소리내는 것을 연습한다.)

교사 잘했어요. 만약에 사자가 사슴을 잡아먹으려고 뒤에서 살금살금 다가오면 우리가 사슴에게 뭐라고 말해줄 수 있을까요?

학생들 피해! 조심해!

교사 네, 그렇지만 말은 할 수 없으니 (크게) "음벨레-음벨레-." 하고 말해줄 수 있겠지요. 자 이제 사자와 사슴은 양 끝에 서서 눈을 감고 기다리세요.

학생들 (눈을 감고) 네.

교사 사슴이 움직이기 시작한 후 5초 후에 사자는 움직일 수 있습니다. 사자가 사슴을 잡으면 사자의 승리입니다. 시작하세요.

🌸 **도움말** ································

1. '음벨레'소리를 낼 때 다 같이 한목소리로 내도록 하며, 일정한 빠르기와 세기로 소리를 내도록 지도합니다. 상황에 따라 소리를 점점 크게, 또는 작게 내는 연습을 한 후에 시작하면 좀 더 세밀하게 활동을 할 수 있습

니다.

2. 울타리 안의 학생들이 눈을 감은 상태에서 너무 빠르게 움직이다가 넘어져 다칠 수 있으므로 뛰어서 움직이지 않도록 사전에 주의를 주는 것이 좋습니다.

3. 울타리가 되는 학생의 수를 줄이면 활동 범위가 좁아지기 때문에 술래에게 유리해집니다.

4. 상황에 따라 '음벨레'라는 말 대신 '조심해' 등으로 바꾸어 진행할 수 있습니다.

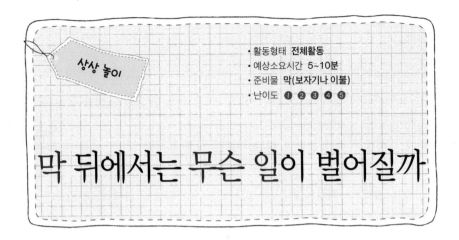

상상 놀이

• 활동형태 **전체활동**
• 예상소요시간 5~10분
• 준비물 **막(보자기나 이불)**
• 난이도 ❶ ❷ ❸ ❹ ❺

막 뒤에서는 무슨 일이 벌어질까

🌸 이 연극놀이는요 ·

막 뒤에서 들리는 소리를 듣고, 떠오르는 장면을 상상하여 몸으로 흉내 내는 활동입니다.

🌸 하는 방법은요? ·

1. 막을 준비합니다.
2. 두 사람이 앞으로 나와서 막의 양쪽을 잡습니다.
3. 한 명 또는 여럿이 막 뒤에 숨어서 어떤 한 장면을 몸짓으로 표현하며 소리를 냅니다.
   📢 "끄응-끄응"

4. 막 앞에 있는 아이들이 막 뒤에서 나오는 소리를 듣고, 어떤 장면일지 상상하며 같은 몸짓을 합니다.
5. 막을 아래로 내려서 자기가 상상한 장면이 맞는지 확인합니다.

막 뒤에서 들리는 소리를 듣는다.

그 소리에 어울리는 상황을 몸으로 표현한다.

🌸 **이렇게 했어요** ·····························

저녁때

— 피천득

긴 치맛자락을 끌고
해가 언덕을 넘어갈 제,

새들은 고요하고
바람은 쉬고

풀잎은 고개 수그려
가시는 해님을 전송할 제,

이런 때가 저녁때랍니다.

이런 때가 저녁때랍니다.

교사 시에 나오는 장면 중 하나를 골라 소리로 나타내 보세요. 막 뒤에서 소리 낼 사람은 막 뒤로 숨고, 다른 사람은 소리를 듣고 어떤 장면인지 맞춰보세요.

(학생 둘 앞으로 나와서 양쪽에 서서 막을 손으로 붙든다. 한 명은 막 뒤에 숨어서 소리를 낸다.)

학생1 스으으윽 스으으윽

학생들 치맛자락 끌고 해가 넘어가는 소리요!

교사 맞는지 확인해봅시다. 하나둘셋!

(막을 밑으로 내린다.)

학생1 (치맛자락 끄는 몸짓을 하며 입으로 스으으윽 소리 냄.)

학생들 맞았다!

교사 또 다른 사람 나와보세요.

학생2 (막 뒤에 숨어서) 안녕, 잘 가!

학생들 풀잎이 해님 전송하는 소리요!

교사 확인해봅시다. 하나둘셋!

……

교사 이번에는 시에 없는 내용을 표현해봅시다. 어떤 때가 저녁때일까요?

학생3 (막 뒤에 숨어서) 쉬이이익, 첨벙!

학생들 변기에 오줌 누는 소리.

교사 막을 내려봅시다. 하나둘셋!

학생3 (바다에 낚시를 던지는 시늉하며) 어두워지는 바다에 낚싯줄 던질 때요.

교사 틀렸네요. 소리를 좀 더 풍부하게 내야 맞힐 수 있을 것 같아요. 낚싯대 빼는 소리, 바닷물 출렁거리는 소리 같은 것도 넣어서.

학생4 (밖을 내다보며 손녀딸 부르는 시늉하며) 그만 놀고 들어와 밥 먹어라!

……

교사 그럼 방금 이야기한 것을 넣어서 시를 바꾸어 읽어봅시다.

학생들 (바꾸어 쓴 시를 다 같이 읽는다.)

저녁때

쉬이익 첨벙
어두워지는 바다에 낚싯줄 던질 때

그만 놀고 들어와 밥 먹으라고
할머니가 손녀딸을 부를 때

달그락 틱틱 딱
식구들이 둘러앉아 밥을 먹을 때

이런 때가 저녁때랍니다.
이런 때가 저녁때랍니다.

🌸 도움말 ································

1. 시나 동화, 그림책의 한 장면을 표현할 때 쓸모 있는 놀이입니다.
2. 처음에는 누구나 쉽게 맞힐 수 있는 소리를 내서 학생들이 자신감을 갖도
   록 해줍니다.
3. 둘이나 셋, 또는 모둠별로 막 뒤에 숨어서 같은 소리와 동작으로 장면을
   표현할 수도 있습니다.

5부

표현 놀이

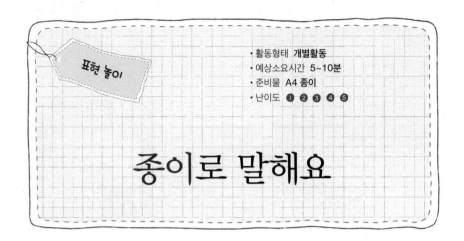

- 활동형태 **개별활동**
- 예상소요시간 **5~10분**
- 준비물 **A4 종이**
- 난이도 **❶** ❷ ❸ ❹ ❺

종이로 말해요

🌸 이 연극놀이는요 ·····················

〈종이로 말해요〉는 학기 초에 학생들이 자기소개를 하는 데 활용할 수도 있으며, 학기 말에 그 학기를 정리하는 데 좋은 연극놀이입니다. 그리고 행사가 끝난 다음에도 소감 나누기에 활용하면 좋습니다.

🌸 하는 방법은요? ·····················

1. 학생들에게 A4 종이를 한 장씩 나누어줍니다.
2. 이번 학년을 마치면서 가장 기억에 남는 것이 무엇이 있는지 생각해봅니다.
3. 생각난 것을 종이로 표현하는데 접거나 구기거나 찢거나 오려서 만듭

니다.

4. 이때 자, 연필, 칼, 가위 등은 쓰지 않고 손으로만 하도록 합니다.

손으로만 표현하기	연극놀이를 많이 해서 즐거웠어요. (웃는 얼굴)	함께 공연했던 게 생각나요. (연극 무대)

🐘 이렇게 했어요 ·

교사 이번 시간에는 이번 학년을 정리하는 의미에서 〈종이로 말해요〉를 해 보겠습니다. 여기 A4 종이가 한 장씩 있는 것을 나누어줄게요.(학생들에게 종이를 한 장씩 나누어준다.)

교사 종이를 다 받았죠? 그럼 이번 학년을 선생님과 함께하면서 가장 기억에 남았던 것, 혹은 가장 기억에 남는 사건이나 느낌이 무엇인지 한번 생각해보세요.

학생들 (이번 학년에서 가장 기억에 남는 사건 혹은 느낌을 생각한다.)

교사 (예시 작품을 보여주면서) 나는 여러분과 함께 올해를 지내면서 여러분과 함께했던 연극이 가장 기억에 남아요. 그래서 이렇게 연극 무대를 만들었습니다. 비록 짧은 시간이었지만 여러분과 함께한 연극 공연은 아마 제 인생에서 오랫동안 기억에 남을 것입니다.

교사 여러분도 이제 제가 한 것처럼 올 한 해 가장 기억에 남는 것 혹은 가장 인상 깊었던 사건이나 느낌을 종이로 표현해보세요. 너무 잘 만들려고 하기보다는 자신의 느낌이나 생각을 어떻게 표현할지에 초점을 맞추세요.

학생들 (자신의 생각이나 느낌을 종이로 표현한다.)

교사 (약 3분 정도가 지난 후) 자 이제 마무리하세요.

학생들 (마무리한다.)

교사 다 만들었죠? 한 사람씩 자신이 만든 것을 소개하면서 왜 이것을 만들었는지 발표해보겠습니다. 누가 먼저 소개해볼까요?

❀ 도움말 ·······························

1. 〈종이로 말해요〉는 자신의 생각이나 느낌을 말로 표현하는 것에 어려움을 느끼는 아이들을 위해 종이라는 도구를 사용해 자신의 생각이나 느낌을 표현하도록 돕기 위한 활동입니다. 따라서 만드는데 너무 많은 공을 들이기보다는 만든 것을 가지고 설명하는 시간을 많이 주면 이 활동의 효과가 더 좋습니다.

2. 종이로 표현할 때 칼이나 자, 가위는 사용하지 말고 그냥 손으로 만듭니다. 잘 만드는 것이 목적이 아니기 때문에 이런 것들을 사용할 필요는 없습니다.

3. 학급 전체가 다 돌아가면서 발표를 하는 것이 가장 좋지만 다인수 학급의 경우 시간이 많이 걸릴 수 있기 때문에 이럴 때는 모둠을 나누어 활동합니다. 모둠별로 돌아가면서 발표를 하고 모둠에서 한 사람 것을 선택하여 뽑습니다. 뽑힌 친구 것을 다시 전체에게 소개하면 시간이 어느 정도 절약되고 효과도 좋습니다.

표현 놀이

- 활동형태 **전체활동**
- 예상소요시간 **10~15분**
- 준비물 **없음**
- 난이도 ❶ ❷ ❸ ❹ ❺

무궁화 꽃이 피었습니다

🌸 **이 연극놀이는요** ·······················

　어린 시절 술래가 "무궁화 꽃이 피었습니다." 하면 나머지 사람들이 그 신호에 맞추어 멈추던 것 기억하시죠? 이 놀이는 어린 시절 하던 '무궁화 꽃이 피었습니다.'에서 '정지'를 활용하여 변형한 놀이입니다. '정지'하는 순간 짧지만 순간적인 즉흥 연기를 맛볼 수도 있으며, 전래 놀이 요소도 함께 어우러진 흥미 있는 놀이입니다.

🌸 **하는 방법은요?** ·······················

1. 술래를 정합니다.
2. 술래는 한쪽 벽이나 기둥에 손을 대고 '무궁화 꽃이 피었습니다.'라고 외

칩니다.

3. 나머지 친구들은 술래와 반대쪽 출발선에서 술래의 신호에 맞추어 앞으로 나가며 정지합니다.(얼음)

4. 움직인 사람은 술래에게 가서 새끼손가락을 겁니다.

5. 누군가 술래와 술래에게 잡힌 친구를 손으로 갈라놓으면 모두 도망가고 술래는 잡으러 가는데 이때 잡힌 사람이 술래가 됩니다.

〈변형하기〉

6. 술래가 '무궁화 꽃이 피었습니다.' 대신 '양치질을 합니다. 양치질을 합니다.'라고 두 번 말합니다.

7. 술래의 신호에 맞추어 해당하는 정지 동작을 합니다. 이 경우에는 양치질을 하는 정지 동작을 해야겠지요?

8. 그밖에 신문을 봅니다. 신발 끈을 맵니다. 등 다양한 동작신호에 맞추어 놀이를 진행합니다.

9. 정지를 하고 있을 때 무슨 동작을 하고 있는지 술래가 몇 사람에게 다가가 말을 시켜봅니다.

벽에서 머리를 떼지 않습니다.

'무궁화 꽃이 피었습니다.'를 다 말한 후 뒤로 돌아봅니다.

술래가 돌아보면 정지합니다.

❀ **이렇게 했어요** ··························

교사 술래를 정하고 〈무궁화 꽃이 피었습니다〉를 해봅시다. 새끼손가락 길이가 가장 짧은 사람이 술래를 해봅시다.

    학생들 (술래는 벽으로 가고, 나머지 친구들은 반대쪽 출발선으로 가서 섭니다.)

    술래 (벽에 대고) "무궁화 꽃이 피었습니다." (친구들을 보고 움직인 사람을 골라낸다.)

    학생들 (술래의 신호에 따라 앞으로 나가고, 술래가 뒤돌아볼 때 정지한다.)

    교사 이번에는 신호를 바꿔서 해보겠습니다. 술래는 '무궁화 꽃이 피었습니다.'대신 다른 동작을 나타낸 말을 두 번 외치고 뒤돌아봅니다. 다른 사람들은 술래가 외치는 동작을 하다가 정지합니다. 그 동작이 아니라 다른 동작을 하면 술래에게 잡힙니다.

    술래 "양치질을 합니다. 양치질을 합니다."

    학생들 (앞으로 나가며 양치질하는 동작을 하고 정지한다.)

    술래 "신문을 봅니다. 신문을 봅니다."

    학생들 (앞으로 나가며 신문을 보는 동작을 하고 정지한다.)

    술래 "머리를 감습니다. 머리를 감습니다."

    학생들 (앞으로 나가며 머리를 감는 동작을 하고 정지한다.)

양치질을 합니다.

신문을 봅니다.

머리를 감습니다.

신발 끈을 묶습니다.

코끼리가 됩니다.

오리가 됩니다.

🌸 도움말 ······························

1. '무궁화 꽃이 피었습니다.' 대신 다양한 신호를 활용하면 교과 수업과도 연계할 수 있습니다.
   - 진로교육 관련 – 야구를 합니다. 노래를 합니다. 컴퓨터 프로그램을 만듭니다. 진찰을 합니다. 농사를 짓습니다 등
   - 동물 단원 – 코끼리가 됩니다. 개구리가 됩니다. 닭이 됩니다 등
   - 실과, 가정에서 하는 일 – 빨래를 합니다. 청소를 합니다. 요리를 합니다 등
   - 실과, 요리 만들기 과정(김밥 만들기) – 재료를 길게 썹니다. 재료를 볶습니다. 김을 깝니다. 밥을 폅니다. 재료를 올립니다. 둥글게 맙니다 등
   - 국어, 이야기 속 인물 탐색 – 심청이가 됩니다. 심봉사가 됩니다. 놀부가 됩니다. 흥부가 뺨을 맞습니다. 토끼가 낮잠을 잡니다 등
2. 누가 움직이는가를 잡아내는 것보다는 신호에 알맞은 동작을 하는 것이 중요합니다.

표현 놀이

- 활동형태 **모둠활동**
- 예상소요시간 **20~30분**
- 준비물 **없음**
- 난이도 **①** ② ③ ④ ⑤

정지 장면 만들기

● 이 연극놀이는요 ·····················

〈정지 장면 만들기〉는 알고 있는 동화나 간단한 이야기를 마치 사진 찍는 것과 같이 정지한 모습으로 표현하는 놀이로 팀원끼리 회의를 통해 장면을 선정하고 정해진 장면을 몸을 이용하여 표현하기 때문에 협동심과 창의력을 신장시킬 수 있는 놀이입니다.

● 하는 방법은요? ·····················

1. 모둠을 정합니다.
2. 주제 및 소재를 선정합니다. '친구', '사랑' 등의 추상적 개념이나 '흥부와 놀부', '해와 달이 된 오누이' 등의 전래 동화와 관련된 장면을 만들어보

도록 합니다.

3. 주제 및 소재를 정했으면 팀끼리 회의를 해서 장면 및 역할을 정하고, 그에 맞는 정지 동작을 짤 수 있는 시간을 줍니다.

4. 약속한 시간이 되면 모둠별로 정지 장면을 친구들 앞에서 보여줍니다. 표현된 정지 장면을 보고 어떤 장면일지 상상해봅니다.

5. 이 형태의 정지 장면 만들기가 익숙해지면 교사의 신호에 맞춰 대사 및 행동을 하고 원래의 동작으로 멈추는 활동 형태로 발전할 수 있습니다.

'혹부리 영감'에서 심술쟁이 영감 장면

'흥부와 놀부' 중 밥 구걸하는 장면

'백설공주'에서 백설공주가
사과 먹고 쓰러진 후 장면

'신데렐라' 중 자정에
신데렐라가 변하는 장면

🌸 이렇게 했어요 ··························

교사 (각 모둠에게 동화가 적힌 종이를 나누어준다.) 이번 시간에는 〈정지 장면 만들기〉라는 활동을 해볼게요. 모둠별로 제시된 이야기 중에 가장 인상적인 장면을 하나 정하여 정지 동작으로 장면을 만들어봅시다. 그리고 선생님이 어깨를 건드리며 '딩동'이라고 말하면 그 친구는 간단한 대사와 동작을 하고 원래의 정지 동작으로 돌아오도록 합니다. 그때 말할 대사도 정해야겠죠? 제한 시간은 10분입니다.

학생들 (모둠별로 모여 회의를 통해 장면을 선정한다. 그리고 각자의 역할을 정하고 어떤 동작으로 정지할지 연습해본다.)

교사 자, 충분히 준비가 된 것 같네요. 지금부터 모둠별로 정지 장면을 만들 텐데, 어떤 동화일지 여러분들이 맞추어보도록 합시다.

학생들 (각 모둠은 정지 장면을 만들고 다른 모둠의 학생들은 곰곰히 생각하고 어떤 동화인지 맞춰본다.)

교사 자, 어떤 동화의 장면일까요?

학생들 (각자의 생각을 말한다.)흥부와 놀부요! 신데렐라!

교사 어떤 동화일지 한번 확인해봅시다. (여러 학생의 어깨를 순서대로 건드리며) 딩동!

학생 A 아이고! 뺨에 불이 나겠네!

학생 B 이놈이! 썩 물렀거라!

학생 C 여기가 어디라고 와서 구걸이야 구걸은.

학생 D 아빠, 배고파. 으앙!

교사 와! 어떤 동화인가요?

학생들 흥부와 놀부요!

교사 여러분들의 예상이 맞았네요. A는 흥부 역할이고 B는 놀부, C는 놀부 아내, D는 흥부의 아들이었네요. 다음 모둠도 이어서 해봅시다.

학생들 (순서에 맞게 모둠별로 앞으로 나와서 정지 장면을 만든다.)

🌸 **도움말** ·······························

1. 〈정지 장면 만들기〉는 자신의 상상력을 발휘하고 모둠원 간의 협동을 통

해 하나의 장면을 만드는 활동입니다.

2. 아이들이 잘 아는 이야기로 시작하여 점차 창의력, 상상력을 발휘하는 방법으로 진행하는 것이 좋습니다. 예를 들어, 쉬운 전래 동화로 만들다가 다음 상황 만들기, 이전 상황 만들기를 할 수 있습니다.

3. 아이들이 〈정지 장면 만들기〉를 몇 번 안 해봤다면 장면을 만드는 시간이 오래 걸릴 수 있습니다. 충분한 시간을 주고 만들어보도록 합니다. 점차 연습이 되면 시간을 줄여서 해봅니다.

4. 자기 모둠의 장면만 중요한 것이 아닙니다. 아이들은 자신의 모둠의 장면 만들기만 중요하게 생각하고 다른 모둠이 장면 만들기 할 때는 관람하지 않는 경우가 있습니다. 관객의 태도를 가지는 것도 중요함을 아이들에게 꼭 인지시켜주어야 합니다.

• 활동형태 **모둠활동**
• 예상소요시간 **20~25분**
• 준비물 **없음**
• 난이도 ① ② ③ ④ ⑤

정지 동작 보태기

🌸 이 연극놀이는요 ·······················

    아무것도 없는 무(無)에 무언가 한 가지씩 보태면서 그것이 무엇인지 알아가는 즐거움이 있습니다. 〈정지 동작 보태기〉는 동작을 하나씩 보태면서 장면을 풍부하게 만들어가는 연극놀이입니다. 또한 표현에 어려움을 겪는 학생들에게 표현의 기회를 만들어주는 연극놀이입니다.

🌸 하는 방법은요? ·······················

1. 반 전체를 5~7명이 한 모둠이 되도록 나눈다.
2. 각 모둠원들에게 1번부터 끝 번까지 번호를 정하게 한다.
3. 각 모둠에게 단어나 상황이 적힌 낱말카드를 보여준다.(수학여행, 바쁜

식당, 놀이공원 등)

4. 각 모둠은 교사가 나눠 준 카드의 낱말이 잘 드러나도록 정지 동작으로 표현하는데, 1번이 나와서 정지 동작으로 표현하고 그 다음 번호부터 순서대로 나와서 정지 동작을 하나씩 보탠다.

5. 마지막 번호까지 나와서 정지 동작을 보태고 난 후 교사는 학생들에게 이 모둠에서 표현하는 것이 무엇인지 물어본다.

6. 마지막으로 이 모둠에서 표현한 정지 장면을 인터뷰해 보거나 짧은 동영상처럼 어떤 상황인지 움직여보도록 한다.

학급 전체를 모둠으로 나눈 후
번호를 정해준다.

모둠에게 나눠줄 낱말카드

모둠의 1번 학생이 나와서
낱말카드를 표현한다.

2번 학생이 동작을 보탠 후
3번 학생까지 동작을 보탠다.

마지막 학생까지 나와서 동작을 보태
낱말카드 표현을 완성한다.(운동회)

〈변형하기〉

7. 각 모둠에게 보여주는 카드를 모둠 전체에게 보여주지 말고 각 모둠의 1번에게만 보여준다.

8. 각 모둠의 1번은 자신이 받은 카드의 상황을 최대한 잘 설명할 수 있는 특징적인 정지 동작을 만든다.

9. 2번은 1번이 만든 정지 동작을 보고 어떤 사물 혹은 상황인지 판단하고 1번의 정지 동작에 자신이 생각한 것을 정지 동작으로 보탠다.

10. 이런 식으로 마지막 번호까지 정지 동작을 보탠다.

11. 교사는 번호 순서대로 자신이 생각한 상황과 동작에 맞는 대사를 하도록 '숨 불어넣기'를 한다.

12. 1번의 상황을 다른 모둠원들은 모르기 때문에 대사들이 상황에 맞지 않을 수 있다. 대사를 다 한 번씩 하고 난 후 동작은 바꾸지 말고 대사를 상황에 맞게 고쳐서 다시 한 번 발표하도록 한다.

🌸 **이렇게 했어요** ⋯⋯⋯⋯⋯⋯⋯⋯⋯⋯⋯⋯

교사 〈정지 동작 보태기〉라는 놀이를 해보겠어요. 5명이 한 모둠이 되도록 만들어보세요.

학생들 (한 모둠이 5명씩 되도록 만든다.)

교사 모둠을 다 만들었으면 각 모둠원들은 1번부터 번호를 붙여서 한 줄로 서주세요.

학생들 (번호대로 한 줄로 선다.)

교사 선생님이 각 모둠에게 서로 다른 낱말이 적힌 카드를 보여줄 거예요. 카드를 보고 이 카드에 적힌 낱말을 어떻게 표현하면 좋을지 1분 정도 의논하세요.

학생들 (의견을 나눈다.)

교사 그럼 이제부터 모둠에서 무엇을 표현하는지 보겠습니다. 1번 나오세요.

학생 (1번 학생이 나와서 정지 동작으로 표현한다.)

교사 2번 나오세요.

학생 (2번 학생이 나와서 1번 학생의 정지 동작에 자신의 정지 동작을 보탠다.)

(이런 활동을 끝 번호까지 다하고 난 후)

교사 이 모둠에서 표현한 것이 무얼까요?

교사 이 모둠에서 표현한 것이 무엇인지 한 번 알아보겠습니다.(1번부터 돌아가면서 인터뷰를 하거나 '숨 불어넣기'를 한다.)

(이 다음부터는 정지 동작 보태기의 변형)

교사 이번에는 각 모둠의 1번만 앞으로 나와서 선생님이 주는 카드를 받아가세요. 혼자만 보고 절대 다른 사람들에게 보여줘서는 안 됩니다.

학생 (1번 학생이 나와서 카드를 받아간다.)

교사 그럼 1번 학생은 나와서 자신이 받은 카드의 사물 혹은 상황을 다른 사람들이 잘 알 수 있도록 특징을 살려서 표현해보세요.

학생 (1번 학생이 나와서 정지 동작을 한다.)

교사 잘 보세요. 1번 학생이 무엇을 표현한 걸까요? 2번 나오세요.

학생 (2번 학생이 나와서 1번 학생의 정지 동작에 자신이 생각한 정지 동작을 보탠다.)

(이런 식으로 끝 번호까지 반복한다.)

교사 그럼 이 모둠에서 표현한 것이 무엇인지 알아볼까요?

교사 (1번 학생 어깨를 건드리며 '숨 불어넣기'를 한다.)

학생1 어디 한번 차보라고. 난 다 막을 수 있어.

교사 아, 1번 학생은 골키퍼 같네요. (2번에게 '숨 불어넣기'를 한다.)

(이런 식으로 끝 번호까지 '숨 불어넣기'를 하면 1번을 제외한 학생들은 교사가 준 카드의 낱말 혹은 상황과 맞는 대사를 하는 학생도 있을 수 있고 전혀 다른 대사를 하는 학생도 있을 수 있다.)

교사 이 모둠에서 표현한 것이 뭐지요?

학생들 축구 경기요

교사 모든 학생이 축구 경기에 맞는 대사를 했나요?

학생들 아니요.

교사 예 맞습니다. 그건 당연하겠죠. 선생님이 준 카드를 다른 학생들은 못 봤으니까요. 그럼 이제부터 다시 한 번 '숨 불어넣기'를 해보겠는데요. 동작은 그대로 하고 대사만 축구 경기에 맞게 바꿔보겠습니다.

교사 (1번부터 순서대로 다가가 '숨 불어넣기'를 통해 대사를 해보게 한다.)

🌸 **도움말** ·······························

1. 학생이 자신감을 갖고 표현할 수 있도록 적절한 칭찬을 해주면 좋습니다.
2. '숨 불어넣기'를 할 때는 그 인물 혹은 사물에 대하여 설명하려는 경향이 있는데 그 인물 혹은 사물이 되어서 간단한 대사를 하도록 합니다.
3. 대사와 동작은 될 수 있으면 간단하게 하도록 합니다.
4. 〈정지 동작 보태기〉를 하는 과정에서 그 모둠이 표현하려는 것이 무엇인지 알 수 있습니다. 이럴 때에는 알고 있어도 말하지 않고 조금만 참고 있다가 모두 다 발표하고 난 뒤 교사가 물어보면 맞추도록 합니다.
5. 〈정지 동작 보태기〉는 〈정지 동작 보태기 1〉과 〈정지 동작 보태기 2〉로 나눌 수 있습니다. 〈정지 동작 보태기 1〉의 과정만으로도 아이들은 자신을 표현하는 경험을 충분히 느낄 수 있습니다. 〈정지 동작 보태기 2〉의 과정에서는 조금 더 즉흥적인 대사를 끄집어낼 수 있고, 대사의 전환으로 인한 재미와 순간적인 재치를 느낄 수 있습니다.

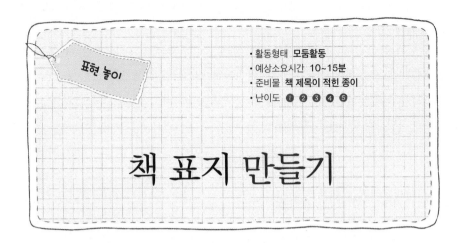

표현 놀이

책 표지 만들기

🌸 **이 연극놀이는요** ·······················

〈책 표지 만들기〉는 책의 표지가 될 상황을 정지 동작으로 표현하는 것입니다. 정지 동작으로 상황의 일부분을 표현하기 때문에 연속 동작을 표현하기 힘들어하는 학생들에게 효과적입니다. 몸으로 만드는 한 장면이라고 볼 수 있습니다

🌸 **하는 방법은요?** ·······················

1. 6명씩 모둠을 만든다.
2. 책 제목이 적혀져있는 종이를 모둠별로 나누어준다.
3. 모둠별로 책 제목에 어울리는 책 표지를 정지 동작으로 만들 수 있게 시

간을 준다.

4. 모둠별로 정지 동작으로 만든 책 표지를 발표한다.

5. 다른 모둠원들은 발표한 책 표지를 보고 책 제목을 맞춘다.

6. 왜 그 장면을 책 표지로 만들었는지 알아본다.

책의 어떤 장면을 어떻게
표현할지 토의한다.

책 표지를 표현하고, 다른 학생은 맞춘다.
('해와 달이 된 오누이')

🌸 이렇게 했어요 ·························

교사 6명씩 모둠을 만들어 모둠별로 앉으세요. 내가 책의 제목이 적혀져있는 종이를 줄 거예요. 그럼 여러분은 그 종이에 적혀있는 책에 어울릴 책 표지를 정지 동작으로 만들어보세요.

학생들 (책 표지를 정지 동작으로 만든다.)

교사 (약 3분 정도의 시간을 준 뒤) 이제 발표를 하겠어요. 마무리하세요. (1분 뒤에) 이제 모둠별로 발표를 하겠어요. 어떤 모둠부터 발표를 할까요?(모둠 발표 순서를 정한다.) 1번 모둠은 교실 앞으로 나오고 나머지 모둠은 1번 모둠을 보세요.

학생들 (교실 앞으로 나와 책 표지를 정지 동작으로 만든다.)

교사 "정지"(발표 모둠원들은 정지 동작을 한다.) 지금 1번 모둠에서 장면을 만들었는데 이 책 표지를 보고 떠오르는 책 제목이 있나요?

학생들 '해와 달이 된 오누이'요.

교사 그럼 어떤 상황인지 재생시켜볼까요? "재생"

(이때 발표 모둠의 학생을 한 명씩 재생시키거나, 모둠 전체를 재생시킬 수 있다.)

발표 모둠 (정지 동작에서 풀려나 간단한 대사나 동작을 한다.)

교사 네. 여러분이 생각한 대로 '해와 달이 된 오누이'가 맞네요. 발표를 한 여러분은 왜 이 장면을 책 표지로 만들었나요?

발표 모둠 오누이가 호랑이를 피해 나무로 올라가 동아줄을 내려달라고 비는 장면이 중요한 장면이라고 생각했기 때문에 이 장면을 책 표지로 만들었습니다.

🏵 도움말 ·······························

1. 〈책 표지 만들기〉를 할 때는 각 모둠마다 다른 책 제목을 줄 수도 있고 같은 책 제목을 줄 수도 있습니다. 같은 책 제목을 주었을 때는 같은 책이지만 학생들이 중요하게 생각하는 장면이 무엇인지 확인할 수 있다는 장점이 있습니다.

2. 학생들에게 의논할 시간을 너무 많이 주지 마세요. 시간을 많이 주면 오히려 산만해집니다.

3. 정지 동작은 사람이 아니어도 좋습니다. 생물, 무생물 무엇이든 표현할 수 있습니다. 연극에서는 나무도 자동차도 말을 하고, 감정을 가질 수 있으니까요.

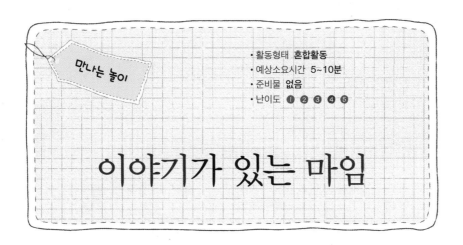

- 활동형태 **혼합활동**
- 예상소요시간 **5~10분**
- 준비물 **없음**
- 난이도 ❶ ❷ ❸ ❹ ❺

이야기가 있는 마임

🌸 **이 연극놀이는요** ·····················

〈이야기가 있는 마임〉은 이끔이가 이야기를 하면 그 이야기에 따라 몸으로 이야기를 표현하는 활동입니다. 연극놀이 경험이 없어도 쉽게 따라 할 수 있는 활동입니다. 처음엔 낯설게 느껴질 수도 있지만 상상 속에 자기를 자유롭게 내맡기고 이야기에 충실하면 어려움 없이 할 수 있습니다. 이끔이는 동작 중심으로 활동을 분명하게 설명하고 생생한 표현을 들려주면 좋습니다. 해설은 현재진행형으로 합니다.

🌸 **하는 방법은요?** ·····················

1. 반 전체가 둥그렇게 앉습니다.

2. 교사는 어떤 상황에 대하여 문장 단위로 이야기를 해줍니다.

3. 아이들은 교사의 말을 듣고 그것에 해당하는 상황이나 장면을 마임으로 표현합니다.

씨앗들이 땅 속에서
잠을 자고 있다.

씨앗들이 흙을 뚫고
밖으로 나온다.

🌸 **이렇게 했어요** ·························

| 해설이 있는 마임 1 |

여러분은 씨앗입니다.

지금 땅속에서 잠을 자고 있어요. 흙 속은 어둡지만 따뜻합니다. 편안하게 꿈을 꾸고 있어요. 봄이 되었습니다. 내 몸이 살살 간지러워지고 있습니다.

나는 잠에서 깨어납니다. 살짝 기지개를 켭니다.

그런데 무언가 막혔습니다. 자꾸 그것을 깨려 합니다.

머리 위로 작은 싹을 하나 틔워서 흙을 조금씩 뚫고 나오려 합니다.

이제 막 흙을 뚫고 밖으로 나옵니다.

고개를 내밉니다. 환한 햇살에 눈이 부십니다. 기분 좋게 작은 소리를 내봅니다. 따뜻한 햇볕을 온몸으로 받습니다.

조금씩 더 자랍니다. 비가 내립니다. 봄비가 내 몸을 적십니다. 봄비를 맞고 나는 조금 더 자랍니다. 잎이 자라고 줄기도 굵게 자랍니다. 바람에 잎이 흔들립니다. 하지만 햇빛이 강해 때로는 축 늘어지기도 합니다. 그러다가 바람이 불지 않는 고요한 밤, 꽃을 피울 준비를 합니다. 아침이 되어 햇빛이 꽃잎을 간질이자 아주 천천히 꽃이 피어납니다. 여기저기 앞다투어 피어납니다. 꽃들은 햇빛을 마음껏 즐깁니다. 시원한 산들바람도 즐깁니다. 자기만의 모습으로 예쁜 꽃을 만듭니다.

갑자기 하늘이 어두워지면서 비바람이 몰아칩니다.

나는 마구 흔들립니다. 비바람이 멎고 따뜻한 햇볕이 비추면서 나는 더 자랍니다. 나는 커다란 나무가 됩니다.

가을이 되어 열매를 맺습니다. 주렁주렁 열렸습니다. 열매가 떨어집니다. 아이들이 열매를 주워 갑니다. 이제 추운 겨울이 되었습니다. 나뭇잎이 하나둘 떨어집니다. 비바람이 붑니다. 눈이 내려 내 몸을 감쌉니다. 나는 긴 겨울잠에 빠져듭니다. 엄마 품에서 포근히 잠든 것처럼……

봄비를 맞고 씨앗은
조금 더 자랍니다.

나뭇잎이 하나둘 떨어지고 씨앗은
다시 긴 겨울잠에 빠져듭니다.

맑은 물속을 헤엄치는 물고기가 되었습니다. 내가 그토록 되고 싶던 물고기가 되었습니다. 맛있는 것이 많이 있어 배부르게 먹을 수 있습니다. 물벼룩도 잡아먹고, 작은 벌레도 잡아먹습니다. 친구 물고기들과 줄을 지어 헤엄칩니다. 물 밖으로도 뛰어 올라봅니다.

이번엔 장난을 쳐봅니다. (얼음!) 가만히 들어보세요. 사람들의 발자국 소리가 들립니다. 비상입니다. 여러분을 잡아먹으러 온 낚시꾼들입니다. 자, 꼭꼭 숨어봅시다. 바위틈에도 숨어보고 물풀 뒤에도 숨어봅시다. 저런, 이 일을 어떻게 하면 좋아요? 몇 마리 물고기 친구들이 잡혔네요. 두렵고 떨리던 시간이 지나자 사람들이 떠났습니다.

밤이 되었습니다. 모두 나오세요. 달이 물에 비칩니다. 조용히 물속을 헤엄쳐 봅시다. 멀리서 개구리 울음소리가 들립니다. 그런데 이 소리는 전에 듣지 못하던 소리네요. 어머나, 황소개구리입니다. 뱀까지도 잡아먹는다는 황소개구립니다. 어떡하죠? 휴! 다행히 우리를 발견하지 못하고 가버리네요. 밤이 깊었습니다. 귀뚜라미랑 풀벌레 울음소리가 들립니다. 이젠 잠을 자야겠습니다. 자 좋은 꿈꾸세요. 달콤하고 포근한 잠을 잡니다.

🌸 도움말 ·······························

1. 아이들은 친한 친구들끼리 서로 관계를 맺고 싶어서 둘이 같이하는 경우가 있는데 혼자서 하는 활동이라는 걸 강조합니다.
2. 적극적으로 표현하는 친구를 칭찬합니다.
3. 소란스러우면 정지(얼음)를 약속하여 잠깐 멈출 수 있게 합니다.
4. 자신의 생각대로 표현하며 말을 하지 않으며 다른 친구를 치지 않습니다.
5. 활동한 후 소감 나누기를 해봅니다. 아이들의 느낌을 들어보면 연극놀이를 한 후의 효과를 잘 알 수 있습니다.

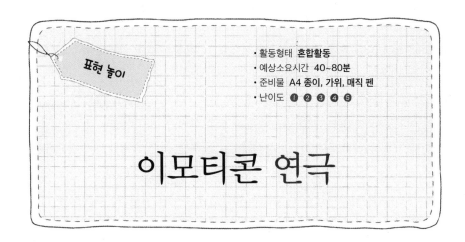

- 활동형태 **혼합활동**
- 예상소요시간 **40~80분**
- 준비물 **A4 종이, 가위, 매직 펜**
- 난이도 ❶ ❷ ❸ ❹ ❺

이모티콘 연극

🌸 **이 연극놀이는요** ························

    연극을 처음 접하거나 자신감이 부족한 아이들은 남 앞에서 연기를 하는 것을 두려워합니다. 이럴 때에 아이들에게 친숙한 이모티콘(이메일 등에서 감정을 나타내기 위해 사용하는 기호)을 활용하여 연극을 하면 훨씬 쉽게 연극에 참여하게 됩니다.

🌸 **하는 방법은요?** ························

1. 한 명이 A4 종이를 2장씩 나눠 갖습니다.
2. 종이를 4등분하여 8장을 만듭니다.
3. 사람의 여러 가지 감정에 대해 이야기를 나눕니다.

4. 감정에 따른 얼굴 표정을 각자 지어보고, 친구의 얼굴 중 눈과 입을 잘 관찰합니다.

5. 8장의 종이 중 4장은 눈 이모티콘을, 4장은 입 이모티콘을 그립니다.

6. 아이들이 그린 눈과 입 이모티콘을 모두 한 곳에 모아놓습니다.

7. 아이들이 나와 한 장씩 마음에 드는 입과 눈을 골라 갑니다. 이렇게 총 4번을 골라 갑니다.

8. 양손에 눈 이모티콘 4장, 입 이모티콘 4장을 각각 끼워 넣습니다.

9. 연극을 하며 상황에 맞춰 눈과 입 이모티콘을 동시에 한 상씩 떨어트리며 연극을 합니다.

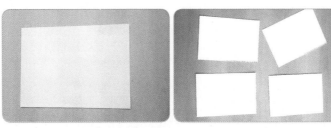

A4 종이 1장을 준비한다.　　　　　종이를 4등분 한다.

눈을 표현한 이모티콘을 모은다.　　　입을 표현한 이모티콘을 모은다.

🌸 **이렇게 했어요** ·

| 〈이모티콘 연극〉의 실제 모습 |

① 오! 뒷모습이 예쁜데, 얼굴도 예쁘겠지? 저기요!
② 뒤에서 날 부르는 것 같은데.

③ 뒷모습이 무척 아름답소. 난 이미 당신을 사랑하오. 뒤돌아서 날 보시오.
④ 제 얼굴을 보면 실망하실 거예요.

⑤ 허헉! 설마 이런 모습일 줄이야.
⑥ 절 사랑하신다고 했으니 저와 사귀어주세요.

⑦ 안 돼!
⑧ 오늘부터 우린 사귀는 거예요.

🌸 **도움말** ·

1. 이모티콘을 그리기에 앞서 여러 가지 감정의 종류와 얼굴 표정에 대해 알아보고 각자 얼굴 표정을 지어보면 아이들이 이모티콘을 그릴 때에 도움이 됩니다.(기쁨, 슬픔, 우울, 분노, 냉담, 짜증, 질투, 놀람, 무시, 긴장…….)
2. 눈은 4등분한 종이 한 장에 눈 2개가 다 들어가며, 입은 4등분 종이 한 장에 하나가 들어갑니다.
3. 이모티콘을 잡고 있을 때에 손가락 사이에 종이를 끼면 편합니다. 예를

들어 왼손을 눈 쪽에 갖다 대고 눈 이모티콘 4장을 손가락에 한 장씩 끼워 넣고, 오른쪽은 입 이모티콘 4장을 손가락에 끼워 넣습니다.

4. 연기를 하며 한 장씩 이모티콘을 떨어트리면 됩니다.

표현 놀이

- 활동형태 전체 두 모둠
- 예상소요시간 20~30분
- 준비물 없음
- 난이도 ❶ ❷ ❸ ❹ ❺

우리 집에 왜 왔니

🌸 **이 연극놀이는요** ·······················

〈우리 집에 왜 왔니〉 놀이는 우리가 잘 아는 놀이를 조금 변형한 놀이랍니다. 전래 놀이라는 재미있는 요소와 '정지 동작'이라는 연극의 요소가 한데 어울려 즐겁게 할 수 있는 놀이입니다. 다양한 표현을 하면서 즐겁게 놀아봅시다.

🌸 **하는 방법은요?** ·······················

1. 전래 놀이인 〈우리 집에 왜 왔니〉 놀이의 원형을 알려주고 먼저 해봅니다.

> A: 우리 집에 왜 왔니 왜 왔니 왜 왔니
> B: 꽃 찾으러 왔단다 왔단다 왔단다
> A: 무슨 꽃을 찾으러 왔느냐 왔느냐
> B: ○○꽃을 찾으러 왔단다 왔단다
> AB : 가위바위보

2. 변형된 가사를 알려주고 불러봅니다.

> A: 우리 집에 왜 왔니 왜 왔니 왜 왔니
> B: 보여주러 왔단다 왔단다 왔단다
> A: 무-엇을 보여주러 왔느냐 왔느냐
> B: 이것을 보여주러 왔단다 왔단다
> A: 보여-주세요
> B: (정지 동작으로 표현)

3. 학생들을 두 모둠으로 나누고 마주 보고 서게 합니다.

4. 놀이 시작 전에 모둠에 과제를 주는데, 제시하는 과제를 여러 가지로 해 보면 또 다른 효과를 볼 수 있어서 좋습니다.

5. 과제를 예로 들어봅니다.
   - 직업 : 경찰, 의사, 선생님, 농부 따위
   - 책(영화) 제목 : 강아지똥, 돼지책, 어린 왕자 따위
   - 감정 표현 단어 : 행복, 슬픔, 평화, 사랑 따위
   - 형용사, 동사 : 깔끔하다, 초라하다, 느끼하다 따위

6. 과제로 제시된 것만(예를 들어 직업이면 경찰, 의사) 약속하고 나머지 표현은 각자 알아서 자유롭게 표현합니다.

7. '보여주세요.' 하고 외치면 정지 동작으로 보여주는데, 정지 동작은 각자 표현하고, 필요하다면 2~3명이 함께 표현해도 됩니다.

두 모둠으로 나눕니다.

모둠별로 어떤 직업을 표현할지
토의합니다.

놀이를 시작합니다.

놀이할 때 책상이나 의자에
부딪히지 않게 주의합니다.

정지 동작으로 표현합니다.

정지 동작으로
표현한 직업을 맞춥니다.

🌸 이렇게 했어요 ·························

교사 얘들아. 오늘은 노래와 함께하는 놀이야.

학생 저 노래 부르는 거 좋아해요.

학생 재미있겠다. 무슨 노래예요?

교사 너희들 '우리 집에 왜 왔니'라는 놀이 아니?

학생 당연히 알죠.

교사 그럼 먼저 그 놀이 한번 해볼까?

학생 네, 좋아요.

교사 그럼, 남자 여자 고루 섞어 두 모둠으로 나누세요.

학생들 다 나눴어요.

교사 그럼, 재민이네 모둠이 먼저 시작해볼까?

학생들 (놀이를 한다.)

> A: 우리 집에 왜 왔니 왜 왔니 왜 왔니
>
> B: 꽃 찾으러 왔단다 왔단다 왔단다
>
> A: 무슨 꽃을 찾으러 왔느냐 왔느냐
>
> B: ○○꽃을 찾으러 왔단다 왔단다
>
> AB : 가위바위보

교사 이번엔 가사를 바꿔서 불러볼 거야.

> A: 우리 집에 왜 왔니 왜 왔니 왜 왔니
>
> B: 보여주러 왔단다 왔단다 왔단다
>
> A: 무-엇을 보여주러 왔느냐 왔느냐
>
> B: 이것을 보여주러 왔단다 왔단다
>
> A: 보여-주세요
>
> B: (정지 동작으로 표현)

학생 선생님, 정지 동작이 뭐예요?

교사 사진이라고 생각하면 돼요. 조각상을 생각해도 되고. 정지 동작을 보여줄 때는 다른 사람이 잘 알아맞힐 수 있게 표현하면 좋아요.

학생 선생님, 무얼 보여주지요?

교사 처음에는 '직업'으로 해볼까? 직업에는 어떤 것이 있지요?

학생 경찰이요.

학생 의사요.

학생 선생님이요.

교사 네, 잘 알고 있군요. 모둠이 서로 어떤 직업을 표현할지 약속하세요.

학생들 (모둠끼리 모여서 잠시 의논한다.)

교사 다시 모이세요. 어떤 직업인지 다 약속했죠? 표현을 잘해서 쉽게 알아맞힐 수 있게 하세요.

학생 빨리해봐요.

교사 그래, 그럼 시훈이네 모둠부터 출발!

학생들 (놀이 끝나면 정지 동작 표현)

교사 무슨 직업인지 얘기하세요.

학생들(모둠 A) 가수, 도둑, 연예인…….

학생들(모둠 B) 연예인, 맞아요.

학생들(모둠 A) 와아!

교사 어떻게 알았지?

학생 보현이와 우진이가 액션 자세를 취하고 있었어요.

학생 예솔이는 노래 부르고 있었어요.

교사 관찰력이 뛰어나네요. 정지 동작 다시 한번 보여줄까요? 하나 둘 셋! 좋아요. 잘했어요. 이번엔 재민이네 모둠부터 할게요.

학생들 (놀이 끝나면 정지 동작을 표현하고 맞춰본다.)

교사 발레리나 표현 잘했어요. 이번엔 정지 동작 후에 동영상을 돌려볼게요. "재생" 하면 조금만 움직여보세요.

학생 채현이 너무 잘해요.

교사 그래요. 움직이니까 더 쉽게 잘 알 수 있지요?

　- 중략 -

교사 이번엔 영화나 애니메이션 제목으로 표현해볼게요.

🌸 도움말 ································

1. 정지 동작을 표현할 때 움직이려는 아이들에게 '정지'임을 강조합니다.

2. 과제(직업, 영화 제목)를 결정할 때는 시간을 짧게 줍니다.

3. 영화 제목은 서로 잘 아는 영화면 더 좋습니다. 잘 모르면 아는 아이가 간단히 설명해줍니다.

4. 과제를 바꾸어가면서 놀이를 하면 더 풍부한 효과를 볼 수 있습니다.

6부

수업 사례

봄바람

수업에 쓰인 연극놀이 〈이야기가 있는 마임〉(141쪽)

유강희 시집 『오리발에 불났다』는 우리 반 아이들이 자주 집어 드는 책이다. 강렬한 색깔의 표지가 아이들의 눈길을 잡아끄는 것 같다. 이번 시간에는 『오리발에 불났다』에 실린 「봄바람」을 읽기로 했다. 아침마다 아이들이 글 한 편을 골라 다른 사람 앞에서 읽고 있는데, 요 며칠 읽은 것 중에 이 시가 좋다고 한다.

봄바람
　　　　　　　　　— 유강희

버드나무 연초록 머리카락을
봄바람은 세어 보고 싶어서
버드나무 목에 대롱대롱 매달려
하나 둘 세어 보는데
그만 강 건너 기차 지나가는 소리에
숫자를 까먹고 말았다
그래서 봄바람은

세던 머리카락 헝클어 놓고

다시 처음부터 하나, 둘……

이러다 집에 못 가면 어쩌지?

다섯여섯일곱 빨리 세는데

이번엔 까치가 와서 깍깍

또다시 까먹고 말았다

솔솔 부는 봄바람과 봄 풍경과 연한 이파리가 눈에 선하다. 하지만 짜릿하게 전해오는 것은 없다.

"봄바람이 기억상실증에 걸린 것 같아요. 계속 세고 계속 까먹으니까."

"재밌어요."

아이들이 좋다니까 그대로 가보기는 하는데, 나라면 안 골랐겠다. 이 시로 어떤 감상 활동을 하면 좋을까. 소리?

"눈 감으세요. 조용히."

지금 자기 귀에 들리는 소리를 말해보라 했다. 눈을 감은 아이들이 손들고 말한다.

"숨소리."

"의현이 잠바 스적이는 소리."

"창문에 커튼이 움직이면서 청청청 소리."

숨소리, 커튼 부딪히는 소리와 버드나무 머리카락을 쥐고 흔드는 봄바람은 거리가 너무 멀다. 이건 안 되겠다. 춤은 어떨까? 바람이니까 춤이랑 어울릴 것 같다. 봄바람, 춤바람.

찰흙을 한 덩이씩 내주었다. 만져보라 했다.

"딱딱해요."

"차가워요."

겨울이다. 주무르기 시작.

"끈적거려요."

"부드러워요."

"따뜻해요."

봄. 계속 주무르고 동그랗게 뭉치고 반죽하고,

"따뜻한 기운이 싹을 돋게 하고 새를 울게 하고 가지를 스치고 뺨에 와 닿고 또 떠나가서……."

아이들은 딱딱한 찰흙을 주물러서 부드러운 봄으로 만들었다가 봄바람이 가서 닿는 것을 만들었다.

선익이네 모둠에서 만든 것은 개, 개똥, 술병, 나무다. 음악을 틀었다. 아이들이 자리에서 일어났다.

"음악이 흐르고 바람이 옵니다. 나무눈을 어루만지고 나뭇가지를 빠져나와 개털을 쓰다듬고 개똥에 닿았다가 냄새를 품에 안고 술병 속에 들었다가 다시 빠져나와……."

해설과 함께 아이들이 몸을 움직였다.

이것과 저것이 부드럽게 연결되는 춤을 기대했으나 아이들은 딱딱 끊어지는 동작으로 춤을 추었다.

여자아이들이 만든 것은 죽었다가 살아난 동백나무, 버드나무, 개똥, 꽃잎, 개다.

"바람이 붑니다. 버드나무에 와서 멈췄다가 불고 멈췄다가 또 불고 가지를 빠져나와 개똥 위에 멈춰서 김을 날리고 꽃눈에 멈춰서 꽃봉오리를 만들고 꽃을 피우고 꽃잎에 와서 멈췄다가 또 불고 멈췄다가 또 불고 꽃잎은 바람 따라 멀리멀리……."

시를 한 번 더 읽고, 그리고 마쳤다.

멋쟁이 배

수업에 쓰인 연극놀이 〈막대 변형〉(86쪽), 〈정지 동작 보태기〉(133쪽)

바닷가 마을은 겨울에 더 활기가 돈다. 항구에는 그물에 걸린 도루묵이 쏟아져 나오고 집 마당에는 빨래 대신 오징어가 하얗게 널렸다. 바다 마을 풍경을 담은 시를 한 편 읽고 아이들과 이야기를 나누었다.

멋쟁이 배

— 안학수

젓국 흘리고 먹물 튕기며
횟감 떠주는 아줌마
눈 화장에 귀걸이도 달았다.

고얀 비린내 파리 날리며
생선 말리는 할머니
입술연지에 목걸이도 매었다.

갯마을 부두엔

멋쟁이만 사나 보다.

그중에 최고 멋쟁이는
바다로 나갈 배들이다.

녹슨 닻을 목걸이로 걸었다.
색색 깃발을 핀으로 꽂았다.
헌 타이어 귀걸이도 달았다.

신문지를 둘둘 말아서 만든 긴 막대를 칠판 앞에 놓았다.
"「멋쟁이 배」와 막대는 어떤 관계가 있을까?"
혜진이가 앞에 나오더니 막대기를 들고 쪼그려 앉아 회를 썰었고, 다시 막대기를 입술에 대고 쓱쓱 발랐다. 막대기는 회칼과 립스틱이 된 것이다.
선익이는 막대를 빨랫줄처럼 들고 척척 오징어를 걸다가 한 손으로 파리를 쫓다가 갑자기 막대를 들고 파리를 쫓아갔다.
누구는 머리핀 삼아 머리에 꽂았고, 누구는 배 위에 깃발처럼 들고 달렸다.
"「멋쟁이 배」에는 무엇 무엇이 나와?"
"배."
"목걸이."
"할머니."
"아줌마 화장한 거요."
"좋아, 횟감 뜨는 아줌마도 화장했고, 생선 말리는 할머니도 화장하고 예쁘게 꾸몄고, 배도 색색 깃발로 꾸몄어. 이 사람들은 어떤 공통점이 있어?"
"멋있으려고요."
"생선 말리는 할머니는 왜 입술연지에 목걸이 했어?"
"멋있으려고요."
"낡은 배는 왜 목걸이 걸고 색색 깃발을 꽂았어?"

"멋있으려고요."

"아줌마 할머니 낡은 배의 공통점은?"

"단장했다."

"이런 사람이 멋있다는 건 누가 알아줘?"

"아무도 안 알아줘요."

"그래도 알아주는 사람이 있다면?"

"자기 자신요."

"시를 쓴 사람."

"서로 서로."

"또?"

"우리요."

이만하면 됐다. 멋쟁이 배는 세상 온 곳에 있다. 바다에도 있고, 교실 그늘에도 있고, 눈까풀 속에도 있고…….

주제를 잡았다.

'우리는 안 멋있고 초라하고 외로운 것에서 멋있는 것을 찾아내는 사람이 되자.'

'평범하고 아무것도 아닌 것들이 서로를 아름답게 보아줄 때 세상에서 아름다운 것이 생겨난다.'

질문을 이어갔다.

"정말 안 멋있는 거, 초라한 것에는 뭐가 있지?"

"파리."

"개똥."

"외로운 새."

"모기, 흙."

"생선 써는 아줌마."

엉덩이를 들썩거리며 자기가 말한 것을 흉내 내고 있다.

"멋있는 것에는 뭐가 있지?"

"꽃."

"별."

"산."

나는 음악을 틀었다. 한 명씩 차례차례 무대로 나왔다. 나와서 〈정지 동작 보태기〉를 했다. 앞에 사람이 만든 정지 장면을 보고 거기에 새로운 동작을 보태는 놀이다. 한 아이가 쪼그려 앉아 생선을 썰다가 정지, 그 다음 아이가 몸을 구부려 흙 만들고 정지, 그 다음에는 개똥, 그 다음에는 새. 정지 장면을 마친 뒤에는 한 아이씩 움직이며 말을 했다.

"오늘은 고기 많이 팔면 좋겠다."

"나는 외로운 새."

"나는 사람들이 싫어하는 모기."

"나는 밟히기만 하는 흙. 풀을 키우고 싶어."

말을 마친 뒤 천천히 몸을 움직여 변신. 세 아이가 팔을 높이 벌려 맞대어 산을 만들었다. 한 아이가 앞으로 나와 앉아 두 손으로 얼굴을 받히며 꽃이 되었다. 한 아이는 걸상 놓고 산 뒤에 서서 손 반짝반짝 별이 되었다.

"어 슬퍼."

"어 슬퍼."

관객이 된 아이들이 슬퍼 슬퍼, 이러며 지켜보았다. 다른 모둠에서는

'하찮은 것에 눈 돌려 자세히 보자.'

'마음으로 보면 모두가 멋지다.'

이런 것들을 몸짓으로 만들어 보여주었다.

다음 날 교실 한쪽 구석에 종이 박스를 이어서 배를 만들었다.

"눈으로 보면 초라하지만 마음의 눈으로 보면 멋진 것, 뭐가 있을까?"

"선생님!"

나쁜 쌤, 쪼잔한 쌤이라 구박하더니 웬일이냐.

"흥, 난 마음으로 봐야 멋진 게 아니라 겉으로도 멋지잖아."

"못생겼잖아요."

"누굴 또 태울까?"

"차표 뽑는 아줌마."

"어미 개. 털 꼬질꼬질한 엄마지만 엄마가 새끼를 지키는 것."

"점심 교체하는 아줌마. 가게 지켜야 하는데 교대하는 거요."

"도루메기 말리는 할머니."

"모기. 자기 아기 태어나게 하기 위해서 목숨 바쳐 빨아먹잖아요. 미움받지만."

덕장 오징어 말리는 데는 냄새가 지독해서 겨울에도 모기가 많다고 한다.

색깔 찰흙과 지점토로 멋진 것들을 만들어서 '멋쟁이 배'에 태우기로 했다. 청호동에서 동명동 항구까지 바닷가 마을을 가면서 우리 눈으로 찾아낸 멋진 것들을 모두 태우기로 했다.

그리고 바닷가 우리 동네를 다녀왔고, 오늘까지 멋쟁이 배에 탄 손님들은 '도루메기 할머니, 모기, 개똥, 생선, 저금통, 작은 돌멩이, 생선 자르는 할머니, 파리, 오징어 말리는 할머니, 호수 위에 청둥오리.' 그러고도 배에는 아직 자리가 많이 남아서 날마다 멋진 것들을 찾아내서 손으로 빚어서 배에 태우고 있다.

체험 글쓰기

수업에 쓰인 연극놀이 〈고리 풀기〉(21쪽)

　6학년 우리 반 아이들과 처음으로 하는 동아리 시간이다. 그림책도 읽어주고 싶고, 연극놀이도 해보고 싶고, 음식과 토피어리도 만들고 싶은데 그중에서 어떤 것을 할까 고민을 하다가 체험 글쓰기 동아리로 정해서 하고 싶은 다양한 활동을 하는 것으로 가닥을 잡았다.

　놀이를 시작하려고 책상과 의자를 밀어 놀이터를 만들고 둥그렇게 서라고 하니 아나나 다를까 이번에도 남자는 남자끼리 여자는 여자끼리 모여 서있었다.

　먼저 〈손님 모셔 오기〉를 하기로 했다. 〈손님 모셔 오기〉는 남자 여자 구별 없이 골고루 섞이게 하는 놀이다. 둥글게 모인 뒤, 처음에 두 사람이 손을 잡고 반대편에 한 사람을 데리고 오면, 반대편 빈자리 양옆 사람이 다시 손을 잡고 누군가를 채워넣는 놀이다.

　〈손님 모셔 오기〉를 하겠습니다. 남자끼리는 여자 친구를, 여자끼리는 남자 친구를, 여자와 남자는 남자 친구를 모셔 옵니다. 선생님이 다섯을 다 세기 전에 친구를 모셔 와야 해요. 여기 남자 둘부터 시작! 하나, 둘, 셋……."

　"어? 누구 하지? 누구 하지?"

　머뭇거리는 듯 했지만 다섯을 세기 전에 친구 한 명을 선택해서 모셔 오고, 전과 다르게 제대로 놀이가 진행되었다.

"어? 손을 잡아야지. 옷을 잡으면 안 되죠? 모셔 오는 친구를 양옆에서 손을 잘 잡고 모셔 오세요."

이번에도 제대로 안 되면 어쩌나 걱정을 했는데 수줍은 미소를 머금고 쑥스러운 듯 친구를 모셔 오며 제대로 진행됐다.

"그만! 이렇게 섞여있는 모습을 보니 우리 반의 성비 불균형이 정말 안타깝게 느껴진다." (우리 반은 남자 18명, 여자 11명이다. 게다가 여자 1명이 25일에 전학을 갈 예정이다.)

"그러게요. 히히."

"그러면 이제 본격적으로 〈고리 풀기〉라는 놀이를 해보도록 하자. 자, 동우부터 오른쪽 사람과 두 사람씩 마주 보고 서세요. 왼손은 손바닥이 위를 향하도록 해서 오른쪽 가슴 앞으로, 오른손은 손바닥이 아래를 향하도록 해서 왼팔 위에 'X'자가 되도록 왼쪽으로. 자 됐죠? 그 상태로 짝을 향해 한 발씩 내딛어서 가까이 서면 만나는 손이 있지? 손을 잡으세요. 이 상태로 손을 놓지 않고 꼬인 손을 풀어보는 겁니다."

"어떻게요? 선생님, 이렇게요?"

여기저기서 "윽!", "악!", "꺄르르", "선생님, 됐어요!" 하며 자기들을 봐달라고 난리다.

"이야! 역시 6학년이라서 다르구나? 이렇게 금방 해결하다니! 그럼 옆에 있는 팀과 합쳐서 4명이 손을 잡고 풀어봅시다. 아까와 같이 왼손 손바닥은 위로, 오른손 손바닥은 아래로 왼팔 위에 덮고 동그랗게 서서 양옆에 있는 사람의 손을 잡으세요. 이번에도 손을 놓지 않고, 꼬인 손을 풀어봅니다."

또 여기저기서 "윽!", "악!", "꺄르르", "야, 이렇게 해봐." 시끌벅적 난리다.

"와! 선생님 저희 됐어요!" 하며 손을 잡고 폴짝폴짝 뛰며 신나 하는 아이들. 이런 모습은 작년 3학년 아이들과 다름없는 영락없는 아이이다.

작년 3학년이 할 때는 이 〈고리 풀기〉만 4회 정도를 하고서야 반 전체 아이들이 모두 고리를 풀 수 있었다. 그리고 어떤 방법으로 할 수 있을지 생각하느라 쉬는 시간에도 삼삼오오 모여서 연습해보고 난리였다. 4회까지 반 전체가 풀고 나서도 또 〈고리 풀기〉를 하자며 난리였다.

고학년이라서 그런지 올해 6학년은 생각보다 쉽게 방법을 찾아내고, 인원이 많아져도 그 방법을 적용해서 금방 고리를 풀었다. 그리고 8명이 합쳐지고 나서는 병인이가 이렇게 말했다.

"선생님, 또 옆 모둠하고 합쳐서 해보라고 하지는 않으시겠지요? 제발 그러지는 마세요."

"그래도 우리 반 전체가 한번 해보자. 조금만 더 기운 내보자."

이후 반 아이들은 전체가 하나의 원으로 고리 풀기에 성공했고, 모두들 미소를 한가득 머금고는 또 어떤 놀이를 할지 기대에 찬 눈으로 나를 바라봤다. 이제 놀이한 것을 바탕으로 글을 쓰게 하고 싶은 생각이 머릿속에 가득했다.

"얘들아, 아쉽지만 이제 시간이 5분밖에 안 남았어. 우리 체험 글쓰기 동아리니까 활동한 내용으로 글을 써봐야겠지? 5분 안에 다 못 쓰면 쉬는 시간까지 좀 쓰는 건 어떨까?"

"네! 괜찮아요! 선생님!"

조심스럽게 물었는데 아이들이 당연하다는 듯 책상을 정리하고 조용히 자리에 앉아 글을 쓰기 시작한다. 내용이야 어찌됐든 흔쾌히 쉬는 시간에까지 글을 쓰는 아이들의 모습이 마냥 예쁘다.

네 명이 꼬인 손 풀기.　　열 명이서 꼬인 손을 풀고 있다.　　학급 전체가 꼬인 손을 풀고 있다.
두 명일 때보다 어렵네.

고리 풀기

— 6학년 권율

고리 풀기, 고리를 푼다.
왼손은 밑에 오른손은 위에
둘이서 고리를 만들어 푼다.

고리 풀기, 고리를 푼다.
여러 명이 같이 고리를 만드니
풀기가 어렵다.

나흘째 비 온다. 국어 수업 주제는 '이야기 바꾸어 말하기'다. 교과서에 나오는 「새너울 윤씨 아저씨」란 글을 읽고 바꾸어 써보려 한다. 자신 있는 주제다. 아이들은 원래부터 이야기 바꾸기 천재 아닌가. 멀쩡히 잘 가던 길도 '가라' 하면 일부러 비껴가는 게 아이들이다. 노래도 가르쳐준 대로 안 부르고 지들 맘대로 바꾼다.

'파란 하늘 파란 하늘 꿈이 드리운 푸른 언덕에 아줌마들 여럿이 화투 치고 놀아요 해처럼 맑은 얼굴로……'

'봄이 오면 바다는 찰랑찰랑 찰랑, 찰랑 찰랑 찰랑대네 잔에 담긴 위스키처럼……'

'떴다 떴다 비행기 전봇대 박았다 앰뷸런스 윙윙 공동묘지로……'

교과서를 읽기 전에 〈상상 여행〉을 했다. 아이들이 빈 공간을 천천히 걸어다닐 때 내가 교과서 이야기에 나올 만한 장소를 외쳤다.

"산골에서는 벌을 키웁니다. 벌 키우러 가자!"

움직이던 아이들이 제 자리에 멈춰 서서 벌에 쏘이는 흉내를 냈다. 꿀을 떠먹고 혀를 빼는 아이도 있었다. 아이들이 다시 천천히 움직였다.

"서울 아파트 단지에는 사람들이 많아요. 어떤 사람들이 있을까요? 아파트 단지로 가자!"

움직이던 아이들이 각각 무언가가 되어서 멈췄다. 유모차를 끄는 아기 엄마가 되기도 하고, 지팡이를 짚은 할아버지가 되기도 한다. 개를 끌고 산책 가는 아저씨도 있다.

〈상상 여행〉을 마친 뒤 제자리에 앉아 한 사람씩 돌아가며 교과서를 읽었다.

"윤재석 아저씨께서는 올해 마흔일곱 살이십니다. 새너울이라 불리는 강원도 산골 마을에서 농사를 지으며…….."

「새너울 윤씨 아저씨」 줄거리는 대충 이렇다.

강원도 산골 마을에 윤재석 아저씨가 산다. 농사꾼인데 벌을 쳐서 꿀을 많이 모았다. 꿀 팔러 서울 갔다. 팔지 못 했다. 아파트 단지에 가서 이거 좋은 꿀이니까 먹어보고 진짜다 싶으면 사라고, 돈은 나중에 줘도 된다고 했다. 산골 마을로 돌아왔다. 마을 사람들이 안타깝게 여기며 세상 막 믿지 말라고 혀를 찼다. 한 달 뒤 그 아줌마한테 돈과 편지가 왔다. 끝.

이 글의 주제는 믿음의 승리, 정직하게 살아야 돼, 이쯤 될 것 같다.

교과서 지문에는 윤씨 아저씨 성격을 바꾸어보는 걸로, 아저씨가 성격이 매우 급하거나 자기밖에 모르는 이기적인 사람이라면 이야기가 어떻게 달라질지 생각해보자고 나왔다. 이래서 나올 결론이야 뻔하다. '봐, 이기적이니까 안 되잖아.' 정도.

준규가 손을 들었다.

"꿀이 아니라 개를 팔아요."

"엥?"

"아저씨가 트럭에 개를 싣고 가서 아파트 아줌마들한테 가서 파는 거예요."

'이 개가 보통 개 아니다. 유기농으로 키운 갠데, 못 믿겠으면 일단 먹어보고 좋다 싶으면 돈은 나중에 부쳐라. 우리 집 주소는 강원도 양양군 서면 상평…….'

이런 식으로 가겠다는 거다. 개판이 되기 쉽다. 재미야 있겠지만 '사람 사이의 믿음'을 귀하게 보고 있는 작품 주제에 다가가기 어려울 것 같다.

성래가 손을 들었다.

"감자를 팔아요."

글쎄다. 그걸 힘들게 낑낑 서울까지 가져가서 아파트 단지에 찾아가서 팔아 달라고, 먹어보고 좋으면 나중에 돈 부쳐주고 어쩌고 할 것 뭐 있나. 이야기가 되려면 '꿀'이라야 한다. 꿀을 대신 할 만한 게 있을까. 산삼?

"꿀은 가짜가 많거든. 벌통 앞에 설탕물 놓으면 벌이 꽃에 꿀 대신 그 설탕을 물고 가서 벌집에 채운대. 그럼 가짜 꿀이지. 눈으로 봐선 모르고 먹어봐야 안대. 그러니까 감자보다는 꿀이 나을 것 같은데."

재성이가 손을 들었다.

"주인공을 바꿔요. 윤씨 아저씨에서 떡 만드는 아줌마로."

이건 좀 희망이 보인다.

"아줌마는 떡 공장 사장이에요. 최고의 떡을 만들고 싶어서 떡 속에 넣을 진짜 꿀을 찾아다녀요. 산골에 꿀 찾으러 다니다가 윤재석 아저씨를 만났어요."

될 것 같다. 그러니까 주제를 '믿음이 사람을 새롭게 만든다.'정도로 하면 되겠다. 재석 아저씨는 원래 남과 다를 게 없는 평범한 농사꾼이었다. 그런데 아줌마가 와서 이런 사람은 믿을 만하다고, 보나마나 정직할 거라고 완전히 사람을 믿어버린다. 꼭 좋은 꿀을 생산해서 보내주기를 기대한다고 말하고 떠난다. 이제까지 적당히 속이기도 했던 아저씨는 그 아줌마의 믿음에 감동 먹어서 정말로 정직하려고 노력했고, 정말로 정직해졌다는 얘기.

희연이가 손들었다.

"윤씨 아저씨 대신 예쁜 아가씨를 주인공으로……"

'아닌데……'

뒤에 이어지는 이야기도 황당하다. 꿀이 아니라 아가씨 외모에 반해서 남자들이 줄줄이 모여들고 인기 만빵이라서 꿀이 술술 팔리고.

아니다 싶은데, 아니라고 딱 잘라 말하기도 어렵다. 아니다 싶으니까 그걸 확 뒤집어서 더 큰 감동을 만들어낼 수도 있겠지. 그냥 두는 수밖에 없다.

이제 모둠을 정해서 이야기 얼개를 짤 차례다. 어떻게 모둠을 짤까. 내 생각으로는 떡 공장 아줌마를 주인공으로 한 이야기, 마을 사람을 주인공으로 하는 이야기가 좋을 것 같다. 그런데 아이들은 아니다. 희연이가 말한 '처녀 아가씨'로 이야기를 만들어보겠다고 한다. 떡 공장 아줌마도 개장수도 감자 아저씨도 마을 사람도, 다들 자기 이야기는 버리고 예쁜 아가씨한테 눈을 돌린다. '외모로 꿀 팔기'를 하겠다고 한다. 성래는 무조건 희연이랑 같이 하겠다고, 자기는 첨부터 희연이 이야기가 맘에 들었으니까 그걸로 해야 된다고 고집을 피운다.

'외모로 꿀 팔기'와 '떡 공장 아줌마 주인공' 두 모둠으로 나누어 판을 짰다. 그리고 〈이야기가 있는 마임〉을 했다. 해설자를 맡은 아이가 말을 하면 아이들이 몸을 움직여 장면을 만들어내는 연극놀이이다. '떡 공장 아줌마 주인공' 이야기 먼저.

"아줌마는 떡 공장 사장입니다."

아이들은 몸짓으로 떡 공장을 보여준다. 누구는 떡을 치고 누구는 떡을 주무르고 누구는 포장하고 누구는 손님이 되어서 떡을 사고.

그 다음 해설,

"최고의 떡을 만들고 싶어서 떡 속에 넣을 진짜 꿀을 찾으러 떠나요."

떡 공장이었던 아이들은 여행을 떠나는 자동차와 길로 바뀐다. 누구는 트럭을 몰고 누구는 바퀴가 되고 누구는 길가의 나무가 된다.

결과는 예상대로다. '아줌마 주인공'은 제법 보아줄 만했다. 하지만 '외모로 꿀 팔기'는 저들끼리 부끄러워하다가 말았다. 뜻밖의 결과를 내기에는 아무래도 시간이 부족했을 것이다. 감동을 만들어보기 위해 애쓴 흔적은 있다. 뭐 그 아가씨네 엄마가 많이 아파서 꿀을 많이 팔아야 된다나.

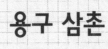

용구 삼촌

수업에 쓰인 연극놀이 〈빈 의자〉(102쪽)

아이들한테 「용구 삼촌」을 읽어주었다.

"누구 글일까?"

이오덕이요, 임길택이요, 하며 아이들은 자기가 아는 작가 이름을 말하는데 예진이는 대번에 "권정생!" 하고 알아맞힌다. 재성이도 금방 맞장구친다.

내가 물었다.

"왜 권정생이라 생각해?"

재성이가 대답했다.

"권정생 글은 뭔가 읽으면 머리에 쏙 들어와. 읽으면 인물의 모습이 눈에 잡혀요."

"권정생의 다른 글 생각나는 거 있어?"

"토끼요."

재성이가 말한 「토끼 1」를 아이들한테 읽어주었다.

> 토끼 1
> 쇠그물에 달빛이 아른거리면
> 엄마 보고 싶은 아가 토끼가

달님을 가만히 쳐다보고

"내가 오늘 용구 삼촌을 이 자리에 모셔 왔습니다."

교실 문을 열고 나가서 용구 산촌을 데려오는 척, 모셔 와서 '빈 의자'에 앉혔다.

"먼저 동네 아이들한테 물어볼게요. 여기에 앉은 용구 삼촌은 평소에 어떻게 하고 다녀요?"

동네 아이들이 한마디씩 했다.

"용구 삼촌은 이를 안 닦아서 이빨이 누래요."

"콧물이 이만큼 나왔어요."

"만날 웃어요."

"먹을 거 있으면 나눠줘요. 오징어다리도 먹던 거 줬어요."

대답하는 아이들을 바꿔서 물었다.

"이번에는 토끼한테 물어볼게요. 토끼님은 왜 용구 삼촌 품속에서 잠이 들었나요?"

토끼들이 대답했다.

"착해서요."

"다른 애들은 나를 보면 돌을 던지는데 용구는 아유 이쁘다 하면서 풀도 뜯어주고 그래요."

〈빈 의자〉를 마친 뒤 한 사람씩 목소리 배역을 맡았다. 나는 해설을 맡았다. 내가 읽다가 멈추면 아이들이 각자 배역을 맡은 대로 대사를 하거나 효과음을 냈다.

"용구가 소 먹이러 갔는데 어두워졌는데 안 와."

할머니 : 아니, 얘가 왜 안 와?

아버지 : 후우, 담배 뻐끔뻐끔

"누렁이가 혼자 고삐를 끌면서 왔어."
누렁이 : 딸랑딸랑, 옴머어.
나 : 삼촌! 왜 안 와!

"찾으러 갔어."
아버지 : 용구야!
나 : 삼촌!
누나 : 용구 삼촌!

"집으로 왔어."
할머니 : 용구야, 아이고 용구야.
엄마 : 걱정 마세요. 돌아올 거예요.

"마을 사람들 불렀어."
마을 사람 : 용구가 없어?
마을 사람 : 착한 용구가 아직 안 왔어?

"흩어져 찾았어."
-줄임-

목소리 연극을 마친 뒤 아이들이 한마디씩 했다.
"삼촌의 생김새가 읽을 때마다 머리에 떠올라."
"글이 짧지만 표현이 지금까지 읽어본 소설처럼 감동이 있어."
"읽은 책 중에 재미있어."
"난 모모가 더 재밌더라."
"난 모모보다 이게 더 나아."
"아냐, 용구 삼촌보다는 모모가 낫고, 모모보다는 몽실 언니가 낫다."

"난 모모는 이해가 안 됐어. 이게 이해가 잘 돼."

"사투리가 있어서 친근해."

감상문도 짧게 적어보았다.

• 용구 삼촌은 바보다. 바보라도 큰 인물이 될 수 있다. 용구 삼촌처럼 자신 감을 가지고 산에도 가고 산에 누워서 자보기도 하고 그러면 자신감이 나서 큰 인물이 될 수도 있다. 용구 삼촌은 자유의 몸인 것 같다. 나도 용구 삼촌처럼 자 유인이 되고 싶다. 매일 집에서 언니가 이거 하라 저거 하라 그래서 조금 화가 난 적도 있지만 용구 삼촌은 자유대로 몸을 움직여서 좋겠다. (김아름)

• 이 책은 짧지만 안에 내용과 그 섬세함이 나타나있어서 좋았다. 예를 들면 용구 삼촌의 생김새 같은 것을 아주 자세하게 표현을 나타냈다. 하지만 그 섬세 함이 오히려 흠이 될 수도 있다. 왜냐하면 자신의 상상력으로 글을 읽고 싶어 하는 사람들은 이렇게 너무 자세하게 나타나면 상상할 것이 부족해 재미없는 책이 될 수도 있기 때문이다. (정예진)

• 용구 삼촌은 표현이 자세해서 이해가 쉽다. 이 글은 쓴 권정생 선생님은 자 유로운 사람 같다. 이런 글은 자유로운 사람이 쓸 수 있는 글이다. 우리 선생님 도 자유로울 거다. 탁쌤은 산이 좋다 한다. 탁쌤은 나무로 둘러싸여 있는 갑갑 한 곳은 싫어하고 탁 트인 경치가 잘 보이는 산을 좋아할 것이다. (안재성)

• 용구 삼촌은 우리 학교 6학년 어떤 형처럼 순진하고 바보다. 근데 용구 삼 촌은 그 형과 다른 점이 있다. 그 형은 말을 많이 하는데 용구 삼촌은 말을 안 한다. 근데 그 형과 용구 삼촌은 잘 웃는다. 참 바보처럼 웃는다. (장준규)

• 용구 삼촌은 바보지만 마음씨는 아주 착하다. 내가 읽은 이야기 중 제일 재 미있었다. (김성래)

수학 3단원의 제목은 각기둥과 각뿔. 첫 차시 학습목표는 '입체도형과 각기둥을 알 수 있다.' 교과서에는 생각 열기로 생활 주변에서 찾을 수 있는 여러 가지 도형의 가, 나, 다 기호를 보고 평면도형의 모양이 아닌 것을 쓰는 활동이 있다. 얼마나 1차원적이고 재미가 없는지. 그냥 그림 보고 문제에 답하는 형식으로 수업을 했다가는 10분 만에 수업이 끝나게 생겼다. 수업이 빨리 끝나는 것이 문제가 아니라 '왜' 그런지 개념은 없고, 학원에서 배운 몇 아이들이 이끌어가는 수업이 되겠다.

요즘 수업을 고민하는 방향은 '모든 아이들의 배움'이다. 되도록 모든 아이들이 수업에 참여하고 배움이 일어나게 하는 형태를 생각한다.

자료실에 가서 큰 바구니를 하나 들고, 교과서 사진에 있던 것과 비슷한 물건들과 몇 가지를 더 담았다. 축구공, 야구공, 삼각자, 크레파스, 막대, 풀, 주사위, 색종이, 커팅매트, 수건 등……. 상자를 들고 교실에 들어가니 아이들 눈에 가장 먼저 보인 것이 축구공이었는지 다들 묻는다.

"선생님, 오늘 수업 뭐 해요?"

"축구공이다. 오늘 축구 한다."

"아니야. 수학 시간인데 무슨 축구를 하냐?"

자기들끼리 묻고 답하고 시끄럽다. 아이들의 물음에 대답하지 않고 한마디 했다.

"놀이터 만들어!"

"와!!"

놀이터는 책상을 교실 벽으로 붙여서 교실에 공간을 만드는 것이다. 놀이터를 만들면 주로 책 없이 하는 활동을 하기 때문에 우리 반 아이들은 놀이터 만드는 것을 아주 좋아한다.

"선생님이 무궁화꽃 다섯 송이 피웁니다. 무궁화 꽃이 피었습니다……."

무궁화꽃 다섯 송이 피우는 동안 놀이터 만들고 둥글게 앉기가 된다. 아이들 눈은 반짝반짝한다. 이런 얼굴을 보면 수업하고 싶은 생각이 든다. 바구니를 들고 가운데로 가서 물건들을 쏟았다. 별것도 아닌데 아이들은 '우아!' 감탄한다. 뭐 거의 방청객 분위기다. 아무리 생각해도 올해 아이들은 정말 이상하다. 여태껏 이런 아이들을 만난 적이 없다. 노끈을 3미터 정도 잘라서 교실 바닥에 테이프로 붙였다. 그리고 아이들에게 말했다.

"지금 앞에 보이는 물건을 의논해서 두 가지로 나누고, 무엇과 무엇으로 나누었는지 종이에 제목을 쓰세요."

지금부터 수업 시작이다. 시끄러운 아이들의 이야기를 들어보면 정말 재미있다.

"우선 공을 모아. 봐봐. 축구공이랑 야구공이랑 있잖아. 그리고 나머지를 넘겨. 그럼 둥근 것과 그렇지 않은 것이야."

"아니야. 각진 것과 각이 없는 것으로 나누자."

"야. 그게 그 말이잖아."

"아, 그런가?"

"두꺼운 것과 얇은 것으로 하자."

"그건 말이 좀 이상하잖아. 그럼 축구공은 두꺼운 거냐?"

"그럼 삼각형이랑 사각형 어때?"

"막대는 삼각형도 아니고 사각형도 아니다."

"볼록한 것과 아닌 것."

"입체도형과 평면도형."

"입체도형이 뭔대?"

"그것도 모르냐. 입체는 볼록한 거야. 평면은 평평한거야."

정말 열띤 토론이다. 이쯤 되면 정말 교사는 필요없겠다. 한참 이야기 나누 더니 결국 '입체도형과 평면도형'으로 나누었다. 바구니를 가운데 선에 엎어 놓고 커팅매트를 올려두었다. 그리고 물었다.

"이 커팅매트는 평면도형일까? 입체도형일까?"

사실 이미 평면도형으로 나누었지만 선생님이 다시 물어보는 것은 이유가 있을 것이라고 생각하는 녀석들이 있다.

아이들이 두 편으로 나누어 섰다. 이제부터 〈해당 사항〉 놀이를 변형해보려 한다. 입체도형이라고 생각하는 사람은 입체도형 물건 쪽으로, 평면도형이라 고 생각하는 사람은 평면도형 물건 쪽으로 섰다. 그리고 서로 설득하고, 상대 방의 이야기를 듣고 생각이 바뀐 사람은 반대편으로 간다.

"커팅매트는 평면도형이야. 왜냐면 납작하잖아."

"이건 입체도형이지. 두께가 있잖아."

"평면도형이야. 평면도형은 평평한 건데 이건 봐봐. 옆에서 보면 평평하잖 아."

입체도형에 있던 아이들 몇이 평면도형으로 간다.

"입체도형이야. 손으로 만졌을 때 두께가 만져지거든."

평면도형에 있던 여자 친구들 다섯이 입체도형으로 간다.

"입체의 기준이 뭐야?"

"그럼 평면의 기준이 뭐야?"

아이들이 수업의 핵심을 찾았다. 사실 커팅매트가 입체도형인지 평면도형 인지는 별로 안 중요하다. 무엇이 입체도형이고 무엇이 평면도형인지 의미를 아는 것이 중요하다.

"평면도형이야. 여기 포스트잇은 입체도형이지? 그런데 한 장만 있을 때는 평면도형인데 여러장이 뭉쳐있어서 입체도형인거야. 그러니까 커팅매트도 한 장이잖아. 그럼 평면도형이라고 봐야지.”

결정적인 의견이다. 반박을 해야 하는데 반박할 내용이 없다. 입체도형에 있던 친구들 말문이 막혔다. 입체도형에 있던 아이들이 우르르 평면도형 쪽으로 움직인다.

“뭐야? 무슨 소리야?”

입체도형에 있던 웅희가 질문한다. 웅희랑 별 차이 없는 규민이가 들은 말을 그대로 커팅매트와 포스트잇을 들고 웅희에게 설명한다.

“잘 봐. 이건 입체도형이야. 두께가 있잖아. 그런데 한 장을 떼면 이건 평면도형이야. 납작하니까. 이렇게 한 장은 평면도형이야. 이제 커팅매트를 보면 이건 한 장이잖아. 그러니까 평면도형이라는거지.”

“아! 알겠다. 그럼 나도 갈래.”

규민이가 웅희에게 설명해주는 동안 다른 친구들도 웅희가 이해할 수 있도록 기다린다. 정말 이상한 아이들이다. 웅희가 움직이니까 또 그게 재미있나보다. 웃으며 따라간다. 이제 입체도형에는 6명만 남았다. 아까부터 계속 입체도형이라고 우기던 진용이는 답답해 죽겠는 표정이다. 이때 내가 나선다.

“잠깐, 선생님이 질문하겠습니다. 이렇게 한 장이니까 평면도형이라는 의견에 같은 생각인거죠?”

“네!”

“그럼, 여기 평면도형에 놓여있는 색종이는 평면도형 맞나요?”

“네.”

“정말 맞나요?”

“네.”

“웅희야, 색종이 몇 장인지 한번 봐봐.”

색종이가 몇 장인지 세어보던 웅희는 머리를 쥐어뜯으며 대답한다.

“아! 모르겠다. 뭐 이래. 다섯장이잖아. 그럼 이건 뭐야!”

웅희의 말에 많은 아이들이 혼란스러워한다. 교실 여기저기서 탄식이 들린다. 그런데 참 신기한 것은 소리를 지르면서도 짜증나 죽겠다는 표정이 아니라 즐거운 표정이다. 그런 아이들을 보니 나도 수업하는 것이 신이 난다. 다시 선생님 등장이다.

"선생님이 정답을 말하겠습니다."

모두 완벽하게 집중한다.

"커, 팅, 매, 트, 는……."

아이들은 숨을 죽이고 나를 본다. 얼마나 신기한 광경인지.

"선생님 빨리요!"

"알았어요. 커팅매트는…… 입체도형이기도 하고 평면도형이기도 합니다."

완전히 허무한 아이들의 표정이다.

"엄밀히 말하면 커팅매트는 입체도형입니다. 그러나 초등학교 6학년 수준의 수학에서는 평면도형으로 정의합니다."

이제 놀이터를 풀고 교과서를 보고 정리한다. 교과서에 있는 그림을 보고 입체도형과 평면도형으로 나누는 것도 어렵지 않다. 물음에 답하는 것은 30초도 안 되어 끝났다. 이제 활동1) 입체도형 알아보기. 입체도형 모형을 문구사에 주문했는데 오지 않았다. 어쩔 수 없이 교과서 그림을 보며 수업을 했다. 모둠별로 입체도형을 2가지로 분류하기. 칠판에 나와서 분류한 것을 쓰고 분류한 이유를 설명하기. 같을 줄 알았는데 설명이 조금 다르다. 합동과 평행의 개념에 대한 이해가 다르다. 다시 논쟁이 붙었다. 서로 설득을 하는 과정에서 결국 '평행'을 '합동'으로 이해한 모둠이 항복했다. 각 모둠 대표들의 설명을 듣는 과정에서 아이들 스스로 잘못된 점을 찾아낸다. 한두 명이 틀려주는 바람에 오히려 우리 반 모두가 더 확실하게 알게 되었다. 이제 각기둥과 각기둥이 아닌 것으로 분류한다. 교과서 활동을 끝내고 심화활동. 아이들 모두에게 포스트잇을 나누어주고 각기둥이라고 쓴 뒤 우리 교실에서 각기둥을 찾아서 붙이라고 했다. 단, 다른 사람이 붙인 것에는 다시 붙일 수 없다. 뛰어다니며 각기둥을 찾는다. 교실에 쪽지가 늘어난다. 꼭 경매 넘어간 집 압류딱지 붙이는 것 같다. 교실 천장에 '각기둥'이라고 붙이고 자기가 일 등이라며 뿌듯해

한다. 키가 작아서 못 붙였다며 속상해하는 콩알도 있다.

　책 없이 시작해서 책 없이 마무리한 수학 수업이었다. 나도 아이들도 너무 즐거운 수업이었다. 올해 유난히 아이들과 호흡이 잘 맞는다. 너무 예쁜 아이들. 내일 수업도 기대된다.

야쿠바와 사자

아이들을 한 자리에 모이게 한 뒤 『야쿠바와 사자』를 읽었다. 야쿠바는 전사
가 되기 위해 뜨거운 햇빛을 견디고 골짜기를 건너고 우거진 숲과 바람과 물
을 헤쳐 마침내 사자를 만났지만, 이미 지쳐 쓰러져있는 사자를 보고 사자를
죽이지 않는 더 큰 용기를 냈고, 모두의 비웃음 속에 마을 외딴곳에서 가축을
돌보는 일을 맡게 되었고, 그때부터 마을의 가축을 습격해오던 사자들의 발걸
음이 끊겼다는 것이 『야쿠바와 사자 I-용기』의 줄거리이고, 마을에 큰 가뭄이
들어 먹을 것이 사라지자 사자들의 왕인 키부에가 무리를 이끌고 먹이를 찾아
마을에 와서 야쿠바와 키부에 사이에 싸움이 벌어지지만 서로 상대의 목숨을
구하기 위해 거짓 싸움을 벌이다가 헤어졌고, 닷새 뒤 야쿠바는 키부에를 위
해 물소를 준비하지만 키부에는 야쿠바에게 짐이 되지 않기 위해 마을을 떠날
결심을 한다는 것이 『야쿠바와 사자 II-신뢰』의 줄거리다.

이기는 것보다 더 큰 용기는 이기지 않는 것, 야쿠바는 선택의 순간에 싸움
을 포기하고 사자를 살려주었다. 이길 수 있는 기회를 놓아버림으로써 진정한
승리를 하였다. 남들이 다 가는 길, 뻔한 것, 다투어 이기는 것, 모두가 선택하
는 '상식'이 곧 '비겁'인 것이다.

두 아이를 앞으로 나오라 해서 막을 들게 했다. 막은 내가 전지 종이를 이어

붙여서 만든 것이다. 나는 막 뒤에 숨었다.

"내가 어떻게 하고 있을지 맞춰봐. 똑같이 따라 해봐."

나는 두 손을 바닥에 짚고 엎드려 끄으응 소리를 냈다.

"뭘까?"

아이들이 교실 바닥에 네 다리를 짚고 엎드렸다. 고개를 뒤로 돌려 물소를 보며 대답했다.

"배고픈 사자요."

"사자가 물소를 포기하고 그냥 가는 거요."

내가 막 뒤에 숨어서 한 동작과 거의 같다. 소리를 듣고 몸짓을 알아냈다. 한 학기 동안 지긋지긋 다투면서 우리 사이에 텔레파시 같은 게 생긴 것 같다.

"진실이 깃들어 있는 곳 찾기. 이제부터 『야쿠바와 사자』 이야기에서 마음에 닿은 장면을 만들어봐. 다른 사람은 소리를 듣고 그 동작을 해."

손든 차례대로 막 뒤로 보냈다. 의현이가 막 뒤에 숨었다. 다리 굽히고 두 손으로 창을 쥐고 소리 냈다.

"아뷰우."

아이들이 다시 소리 내봐, 다시 소리 내봐, 하더니 곧 창을 쥔 동작을 하며 "아뷰우" 했다.

가렸던 막을 걷자 아이들과 같은 동작을 하고 있는 의현이 모습이 드러났다.

"뭐야?"

"야쿠바랑 사자가 가짜 싸움하는 거요."

선익이가 막 뒤에 숨었다. 몸을 동그랗게 말고 옆으로 누워 "으으으" 소리 낸다.

막 앞에 있는 아이들이 옆으로 누워 "으으으" 소리 낸다.

"사자가 쓰러져 신음하는 거요. 자기는 지쳤다고 맘대로 하라고."

경민이는 막 뒤에 숨어서 "꿱" 한 번 소리 내고 말았다. 야쿠바가 사자한테 준 죽은 물소 반 마리라 한다. 입술 투터운 아이가 나와서 막 뒤에 서서 "이히

히히." 한다. 야쿠바가 사자를 못 잡아 왔다고 마을 사람들이 비웃는 소리라
한다. 뭉클, 이 녀석이 하필 비웃는 장면에 마음이 가는 까닭을 알 것 같다. 나
는 언제까지나 이 아이 편이 되어주고 싶다.

소리 듣고 동작을 짐작해서 흉내 내는 것은 혹시나 될까 싶어 실험 삼아 해
본 활동이다. 맞출 거라 기대한 게 아니었다. 내가 놀라고 감동했다.

"거봐. 찾는 사람한테는 진실이 보이는 거야."

아이들한테 찰흙을 한 덩이씩 내주었다.

"누가 야쿠바를 용기 있는 자로 만들었나. 그날 지친 사자다. 야쿠바의 마음
깊은 곳 양심에 질문을 던진 사자다. 상대의 진실을 보아줌으로써 야쿠바는
위대한 영혼을 가진 인간이 되었다. 야쿠바처럼 진실을 보는 사람이 되어보
자. 한 학기 동안 지내면서 이건 진실이었다 하는 순간을 만들어봐."

머리 짧은 남자아이가 찰흙을 주무르며

"나는 지현이가 대한이를 진실로 좋아하는 거 만들어야지. 지현이 머리 위
에 하트를 만들 거야."

그건 아닌데…….

"나는 의현이가 ○○한테 맞으면서도 대든 거 만들 거야."

그건 좋다. 시간이 지나고 아이들 손에서 형태가 나오기 시작하고, 솔이가
먼저 발표. 찰흙 작품을 손에 들고 말한다.

"이건 경보랑 ○○랑 싸우는 거에요."

"그게 왜 진실?"

"경보가 훨씬 약하잖아요. 그렇게 대들다 맞아서 죽을지도 모르는데 꺾이지
않았어요."

무슨 말인지 알 것 같다. 전에 아이들이 길에서 주워 온 새끼 고양이를 교실
에서 키운 적이 있다. 어느 날 고양이가 사라졌다. 창밖으로 나간 줄 알았다.
며칠 뒤에 교실 바닥에서 '야옹' 소리가 났다. 아이들은 고양이가 어디쯤 있는
가 찾는다고 난리가 났다. 점심시간에 반에서 가장 힘센 남자아이가 고양이
소리를 듣는다며 아이들을 조용히 시켰다. 아이들 모두 엎드려 귀를 대고 있

는데 경보가 발소리를 내며 교실로 들어왔고, 그 남자아이가 경보의 뺨을 때렸다. 경보는 그 일을 글로 썼다.

싸대기를 맞았다. /나는 너무 아팠다/친구들은 말리지 않았다./친구들이 보고 있어서/

나는 너무 억울했다./나는 볼이 부운 것 같았다./친구들은 보고만 있었다./그래서 나는/

너무도 너무도 억울했다. (「싸대기」, 4학년 김경보)

"잘 찾았어. 거기에 진실이 있다는 걸 찾아준 솔이야말로 진실한 사람일 것 같아."

다음 차례.

"수련회 입소식 할 때 선생님이 앞에서 말할 때 '내가 너희들보다 높은 곳에 서서 내려다보며 말해서 죄송합니다.' 하고 말을 하는 순간 난 선생님이 가장 위대한 사람이라고 느꼈어요."

이 녀석은 왜 슬프게 할까. 수련원에서 입소식을 한다고, 교사 중에 한 사람이 아이들한테 선서를 받고, 무슨 말이든 해야 한다고 했다. 거기 선생 중에 나이가 많은 내가 나설 수밖에 없었다. 줄을 늘어선 아이들한테 꾸벅 인사를 받고 단 위에 올라가서 말을 하는 게 언짢고 미안했다. 그래서 첫말을 '나는 높은 곳에 있고, 여러분은 낮은 곳에 있고. 나는 높은 곳에서 내려다보며 여러분한테 말을 하게 되어 미안하다.'고 했다. 나중에 아이들이 '에이 그게 뭐예요.' 하며 웃었기 때문에 나는 아이들이 비웃는 걸로만 알았다.

경보 뺨을 때렸던 남자아이 발표 차례. 아이는 호미와 창을 만들었다.

"4학년이 되어서 호미로 농사지었잖아요. 야쿠바에서는 창으로 가짜로 싸워서 사자를 살리고 호미는 농사해서 굶지 않고요. 야쿠바 창은 원래 창으로 공격하는 건데 가짜로 싸웠어요. 사자 살리고. 호미랑 창은 둘 다 살리는 거예요."

호미가 굵지 않게 해준다는 아이가 고맙고 귀하다. 나는 이 아이가 점심시간에 밥 먹으러 갈 때 몇몇 아이들과 줄을 맞추어 가는 것이 못마땅했다. 남보다 먼저 먹겠다는 경쟁을 안 할 수 있으면 자유롭게 걸어가서 밥을 먹으라 했는데도 몇몇 아이들은 꼭 줄을 서서 갔다. 지배하거나 아부하는 거라 여겼다. 그런데 며칠 두고 보니까 한 아이만 대장 노릇 하는 것이 아니었다. 서로 돌아가며 대표가 되어 줄을 세우고 있었다. 즐거운 줄 서기 놀이였다. 그래서 요즘은 나도 끼워달라고 해서 나도 점심시간마다 이 아이들이 세워주는 대로 줄을 서서 밥을 먹으러 가고 있다. 줄을 서서 밥 먹으러 가는 아이들 중에 글자를 알아볼 수 없게 쓰는 아이가 있다. 아이들은 글자 못 쓰는 아이가 공부 끝나고 교실에 남을 때 다 같이 남아서 글자 연습을 하고 집으로 간다. 아이들은 줄을 서며 서로 위로하고 서로 기둥이 되어주고 있었다.

아이들은 야쿠바들이 아니다. 그러나 한 아이 한 아이는 야쿠바다. 교실 바닥에 신문지를 깔고 삶은 감자를 먹고 통지표 내주고 방학 잘 보내라. "우가우가우가" 인사하며 헤어졌다.